マインドマップ®
戦略入門

視覚で身につける35のフレームワーク

Miki Tsukahara
塚原美樹

ダイヤモンド社

マインドマップ®および Mind Map®は英国 Buzan Organisation Ltd. の登録商標です。日本国内では、ブザン・ワールドワイド・ジャパン株式会社がマインドマップの商標権を含む知的財産権の利用を正式に許可された唯一の団体です。

Mind Map®is a registerd trademark of the Buzan Organisation.

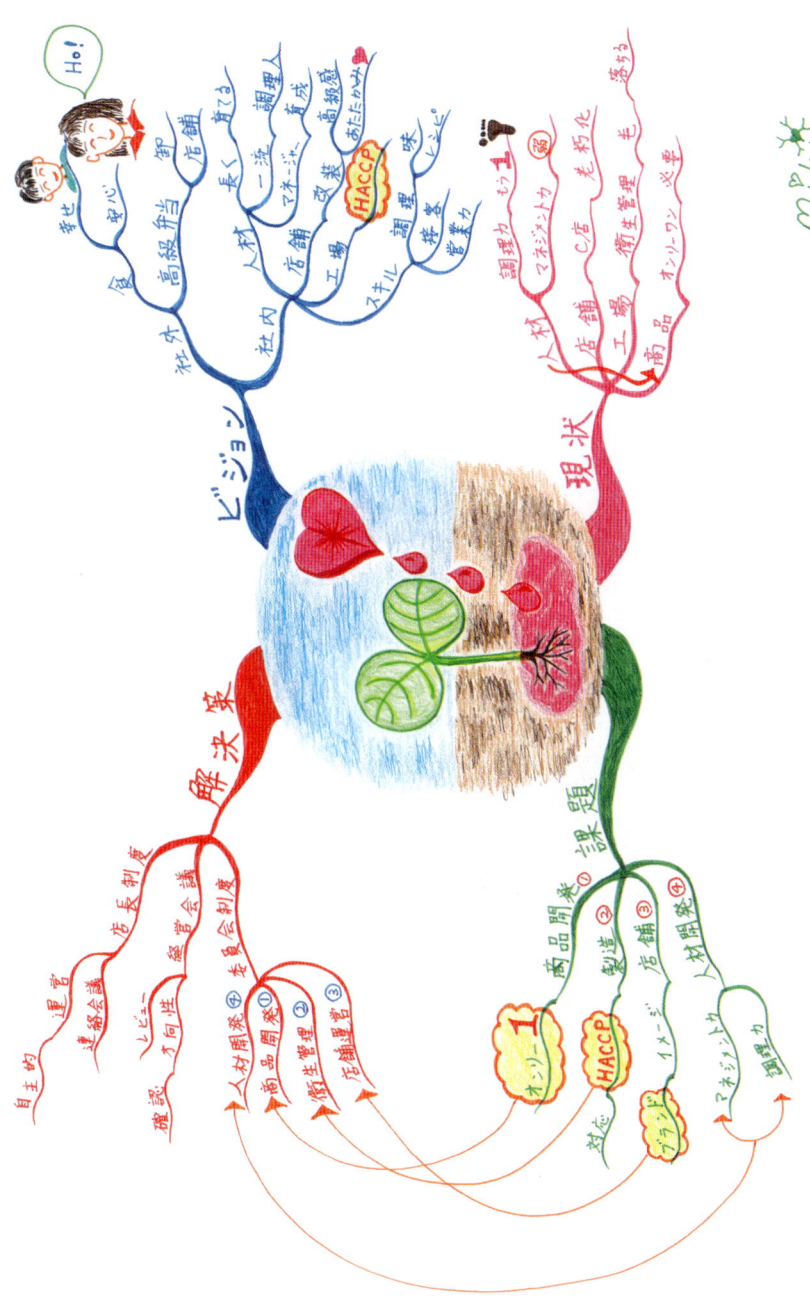

戦略立案フレームワーク（23ページ参照）

ビジョン立案フレームワーク（27 ページ参照）

まえがき
～未来の社会を創り出すあなたへ～

　あなたの仕事力、一気にグレードアップさせてしまいましょう！

　これから、あなたが毎日の仕事の中で使うことのできる、「フレームワーク」と呼ばれる思考の道具の数々を一つずつ解説させていただきます。
　実はこれらは、専門スキルのある経営コンサルタントが使っているものです。
　フレームワークは、非常に便利な思考ツールで、なんらかのテーマについて思考するとき、漏れなくダブりなく、思考を適切に深めるのを助けてくれます。
　ロジカルシンキングを少し学んだ人なら、MECEという言葉をご存じでしょう。Mutually Exclusive and Collectively Exhaustive の略で、テーマの要素を同次元内で漏れなくダブりなく分ける思考を意味しています。
　あなたの会社では、何らかのテーマについて考えたり、話し合う際、考え落としている要素はないか、同じ意味の要素がダブって含まれていないか、話の次元は合っているか、といったことに注意を払っていますか？
　たとえば、ある商品の売れ行きが思うようにいかないとき、「価格は適切か？」「販売ルートは適切か？」「商品そのものは市場に対して適切か？」「広告宣伝方法は適切か？」のように考えられていれば、まず、漏れもダブりもありません。これはマーケティングの４つの要素を考えようとしているからです。もし、広告宣伝や販売ルートのことばかり話していて価格や商品についての話ができていないとしたら、マーケティング要素の中の大切なものを見落としているわけで、MECEに考え、話し合うことができていません。
　一方で、価格や商品について話し合っているのに、「開発体制は適切か？」

とか、「あのコマーシャルにはいくらのコストがかかったのか？」などといった話が入ってくると、またややこしくなってしまい、会議は混迷するでしょう。なぜならば、これらは同じ次元の話になっていないからです。開発体制の適切さというのは、一つの商品のマーケティングよりも一段上の次元の話で、組織全体の戦略の話になっています。また、コマーシャルコストというのは一段下の次元の話で、マーケティング要素の中の一部の詳細の話です。このような話ですと、MECEに考えることができておらず、考え漏れが起きると同時に、話はあっちへ行ったり、こっちへ行ったりし、結局まとまりのないものになってしまいます。

つまり、何かのテーマについて論理的に考えようとした場合には、テーマをある次元で切り、その次元内の要素をMECEで考えて、次元内のすべての要素について考える必要があるのです。

フレームワークとは、あるテーマについての同一次元における要素の完全な集合のことです。つまり、フレームワークを使って思考をすると、自然とMECEな思考になるわけです。

本来ならば、自分自身でテーマについて深く思考した結果、そのテーマにはいくつかの次元があることを発見したり、その次元の中の要素を漏れなくダブりなく発見するわけで、次元の切り分けと要素の切り分けを考えることは、その後の思考の前提を考えることでもあります。ですが、このような思考をすべて一から行うのは非常に骨の折れる仕事で、多大な時間を要します。

そのため、かつてさまざまな学者やコンサルタント達が考えてくれたフレームワークを用い、思考の前提部分を、すでに分かっていることとして省略するわけです。

フレームワークを用いることで、思考の漏れやダブりがなくなります。会社内で全員がフレームワークを共有していれば、話し合いの脱線や混迷も避けられることでしょう。

この本の中では、特にビジネス戦略に関するもので、マインドマップを

用いて考えると効果的なフレームワークを解説していきます。経営学者やコンサルタントが過去に提唱したもので、現在でも、経営コンサルタントを始めとする多くのビジネスパーソンが活用しているものです。テーマが「経営」「戦略」といった内容なので、多少、難しい部分もありますが、会社に入ったばかりの若いビジネスパーソンにも分かるように、身近な事例を交えて解説しています。

今回ご紹介するフレームワークは全部合わせると35個です。これらのフレームワークを一度に覚える必要はありません。仕事の中で「何か役立ちそうな道具はないかな」と思ったときに、この本をめくってみてください。必要に応じて、利用しやすいものから選んで使うと良いでしょう。

また、フレームワークは単に知っていればよいというものではなく、使えてこそ思考力を高められるものです。この本では、どのようにフレームワークを用いて思考すれば良いのかを、マインドマップを使って解説しています。フレームワークの各要素について、どのようなことを考えれば良いのか、思考したことをどのようにメモすれば良いのかについてご理解いただくために、マインドマップの活用例を多数掲載しました。ぜひ、解説文とマインドマップを照らし合わせながら読み進めてください。実際に、あなたがフレームワークを用いて思考する際のヒントになるはずです。

この本はオールカラー印刷ではないので、すべてのマインドマップがカラーにはなっていませんが、本来のマインドマップはカラーを豊かに使います。実際にマインドマップを作成する際には、ブランチの塊ごとに、すべて異なる色を使うと良いでしょう。

また、ソフトウェアを用いるよりも、実際に自分の手でマインドマップを描いて思考することをお勧めいたします。この本はフレームワークを学ぶことによって、いかに優れた思考をするかというテーマの本でもあります。ソフトウェアを活用している際にはできない思考が、手描きのマインドマップを作成するときにはできるのです。

マインドマップは、イメージやカラーを用いる点、放射状に描く点などで、他のノートとは大きく異なります。実際に描いてみると分かりますが、

これを手描きで行うことで、右脳と左脳をバランスよく活用でき脳が活性化するので、ひらめき、発想が湧きやすくなるのです。また、マインドマップでは全体を見渡すことができるため、新たな繋がりを発見しやすく、本質を見抜く深い思考をするのにも非常に有効です。自分の思考力を高めるのであれば、ぜひ、手描きのマインドマップを作成してください。

マインドマップは、左脳・右脳をシナジェティック（相乗効果的）に使い、論理的思考や発散的思考を同時並行的に行うことができるツールです。論理的思考・収束的思考ツールとも言えるフレームワークとこのマインドマップを組み合わせることで、論理と直感、発散と収束をバランスよく働かせた思考ができると考えられます。

優れた科学者も優れた芸術家も、天才と呼ばれる人たちは右脳と左脳を相乗効果的に働かせていたようです。フレームワークとマインドマップの融合は、そんな天才の思考を促進することでしょう。

10年前、マインドマップもフレームワークも知らなかった頃、私は自分の人生をどうしてよいのかと考え込んでいました。何ができるのか分からない。何もできないんじゃないか……。

今は自分の力を信じることができます。

私も自分の頭を使って考えられる。考えて、人に伝えて、もしかしたら世の中の役に立つ仕事もできる。もしかしたら未来創りにだって関われる！

フレームワークとマインドマップという二つの思考ツールが、私の人生を変えてくれました。

未来の社会を創るのはあなたです。
そのための道具を今、あなたに手渡します。

マインドマップの描き方

1 用紙
A4サイズ以上の無地の用紙を用意します。じっくり考える際にはできるだけ大きめの紙を使いましょう。

2 カラー
カラーペンなどを使って、カラフルに書きましょう。色は種類が多ければ多いほど良いです。テーマごとに自分なりに色分けすると良いでしょう。

3 セントラル・イメージ
中央にテーマとなるイメージ（セントラル・イメージ）をイラストや文字で3色以上使って描きます。想像力がふくらむようにしっかりと書き込みます。

4 ブランチ（枝）
セントラル・イメージから枝を伸ばしていきます（メイン・ブランチ）。さらに、メイン・ブランチの先端に繋げてブランチを伸ばします（サブ・ブランチ）。ブランチは中央ほど太く、外側に伸びるほど細く。ブランチの長さはブランチに載せる単語やイメージと同じにします。有機的な曲線を放射状に描いていきます。

5 ワード（単語）
1つのキーワードを1つのブランチにバランス良くのせます。文字は読みやすく書きます。中央ほど大きく、外側に行くほど小さく書き、強調する場合は外側でも大きく書きます。記号やアイコン、図形を使ってもかまいません。

6 構造化
重要度などの順序を番号（①②③など）で表したり、矢印を使うなどしてキーワード同士の関連性を明確にします。大切なポイントはマーキングするなどで強調します。階層化を意識して、意味の広がりや繋がりを表していきましょう。

7 楽しむ
脳が効果的に働くのは、リラックスして「楽しい」「面白い」と思えるとき。ぜひ、楽しみながらマインドマップを描いてみましょう！

※詳しくは、巻末の参考文献にも掲載した関連書籍をご覧いただくことをお薦めします。

まえがき……………………………………………………………………… 1
マインドマップの描き方……………………………………………………… 5

第1部 全社戦略編　　11

第1章 戦略立案のフレームワーク　　15

第1節 戦略立案基本フレームワーク ……………………………… 17
マインドマップ **1**「戦略立案基本フレームワーク」
マインドマップ **2**「A社の戦略立案」

第2節 ビジョン立案フレームワーク ……………………………… 25
マインドマップ **3**「ビジョン立案フレームワーク」
マインドマップ **4**「A社のビジョン立案」
マインドマップ **5**「事業ドメイン」
マインドマップ **6**「A社の事業ドメイン」

第3節 現状分析フレームワーク ……………………………… 33
マインドマップ **7**「SWOT分析」
マインドマップ **8**「A社のSWOT分析」
マインドマップ **9**「3C分析」
マインドマップ **10**「A社の3C分析」
マインドマップ **11**「バリューチェーン」
マインドマップ **12**「A社の現状のバリューチェーン」
マインドマップ **13**「5Forces分析」
マインドマップ **14**「A社の5Forces分析」

第4節　問題解決フレームワーク …………………………………… 54
　マインドマップ 15 「問題点特定フレームワーク」
　マインドマップ 16 「A社の問題点特定」
　マインドマップ 17 「5ナゼ」
　マインドマップ 18 「A社の5ナゼ」活用例

第5節　戦略検討フレームワーク …………………………………… 62
　マインドマップ 19 「バリュー・プロポジション」
　マインドマップ 20 「K社のバリュー・プロポジション」
　マインドマップ 21 「アンゾフマトリックス」
　マインドマップ 22 「K社のアンゾフマトリックス」
　マインドマップ 23 「PPM」
　マインドマップ 24 「K社のPPM」
　マインドマップ 25 「競争戦略」
　マインドマップ 26 「K社の競争戦略」
　マインドマップ 27 「競争地位別戦略」
　マインドマップ 28 「K社の競争地位別戦略」
　マインドマップ 29 「VRIO」
　マインドマップ 30 「K社のVRIO」

第2章　戦略展開と実行のフレームワーク　99

第1節　戦略を具体化するためのフレームワーク ………………… 101
　マインドマップ 31 「バランススコアカード」
　マインドマップ 32 「バランススコアカード」の活用例

第2節　実行〜振り返りと学習のフレームワーク ………………… 108
　　マインドマップ 33 「PDCA」
　　マインドマップ 34 「PDCA の活用例」

第3節　リーダーシップを発揮するためのフレームワーク ……… 114
　　マインドマップ 35 「リーダーシップ・フレームワーク」
　　マインドマップ 36 「リーダーシップ・フレームワークの活用例」

第4節　対話のできる組織を作るためのフレームワーク ………… 120
　　マインドマップ 37 「PRAM」
　　マインドマップ 38 「PRAM の活用例」

第5節　この章のおわりに ………………………………………… 127

第2部　部門戦略編　　133

第3章　マーケティングに関するフレームワーク　135

第1節　ターゲットを定めるためのフレームワーク ……………… 137
　　マインドマップ 39 「市場細分化基準」
　　マインドマップ 40 「市場細分化基準」の活用例
　　マインドマップ 41 「市場選択基準」
　　マインドマップ 42 「市場選択基準」の活用例

第2節　マーケティングミックスを検討するフレームワーク……146
　マインドマップ **43**　「4P」
　マインドマップ **44**　「プロモーション戦略」
　マインドマップ **45**　「4P」の活用例

第3節　購買心理プロセスを活用するフレームワーク……159
　マインドマップ **46**　「AIDMA」
　マインドマップ **47**　「AIDMA」の活用例

第4節　ブランド構築を検討するフレームワーク……164
　マインドマップ **48**　「ブランド・エクイティ」
　マインドマップ **49**　「ブランド・エクイティ」の活用例

第5節　顧客のクレームを生かすためのフレームワーク……170
　マインドマップ **50**　「クレーム対応」
　マインドマップ **51**　「クレーム対応」の活用例

第4章　人事・人材開発に関するフレームワーク　175

第1節　人事システム・基本フレームワーク……177
　マインドマップ **52**　「人事システム」
　マインドマップ **53**　「評価の要素」
　マインドマップ **54**　「能力開発スキル」
　マインドマップ **55**　「能力開発方法」
　マインドマップ **56**　「人事システム」の活用例

第5章 生産に関するフレームワーク　189

第1節　より良い仕事を目指すためのフレームワーク……191
マインドマップ 57 「需要の三要素」
マインドマップ 58 「需要の三要素」の活用例

第2節　業務の改善に用いるフレームワーク……196
マインドマップ 59 「改善の四原則」
マインドマップ 60 「改善の四原則」の活用例
マインドマップ 61 ブレーンストーミングの活用例
マインドマップ 62 「5W1H」
マインドマップ 63 「5W1H」の活用例

第6章 財務会計に関するフレームワーク　207

第1節　収益性分析のフレームワーク……213
マインドマップ 64 「収益性分析」
マインドマップ 65 「収益性分析」の活用例

第2節　安全性分析のフレームワーク……219
マインドマップ 66 「安全性分析」
マインドマップ 67 「経営比率分析」の活用例

あとがき……225
参考文献……228

第1部

全社戦略編

この部では、全社戦略を検討するときに使うことのできるフレームワークをご紹介します。

　全社戦略というと、若手の社員さんは「自分には関係ないことかな」などと思うかもしれませんが、決してそんなことはありません。全社戦略は、経営幹部だけが知っていれば良いというものではありません。全社戦略は、組織メンバー全員の仕事を方向づけるものであり、メンバーそれぞれの日々の仕事と深く関係しています。

　組織メンバーそれぞれが自ら目標を立て、自律的に働けるようになるためには、自社の経営理念や全社戦略を理解し、共感している必要があります。

　多くの会社では入社前後の教育プログラムや期ごとの方針説明会などで、これらのことを説明していることと思います。また、上司が部下に部門戦略や部門目標を伝える際にも、全社戦略との関係を話していることでしょう。ですから、自社がどのような戦略でどの方向に進もうとしているかぐらいは、伝わっているかもしれません。

　あなたが全社戦略をまったく知らないなら、上司に尋ねたり、社内の勉強会に参加するなどして、積極的に理解するように努めてみましょう。上層部だけが戦略を知っていて、現場は言われたとおりにすればいいと考えているような古い管理観の会社も、まだあるかもしれませんが、そのような組織はいずれ立ち行かなくなると言われています。

　さて、では全社戦略を単に分かっていれば良いかというと、そうでもありません。一人ひとりの社員が「なぜ、このような戦略を取っているのだろうか」と考え、戦略が導き出された背景や理由を理解する必要があります。

　これは、つまり原則を理解するということでもあります。単に決定されたことだけを知るのではなく、その決定事項の背景にある物の考え方や見方まで理解するということです。そうすることによって、日々の仕事の中で判断に迷うような場面に出会ったとしても、戦略の背景にある原則をもとに自分なりに考え、行動することができるようになるのです。

けれど、戦略の背景を理解するためには、戦略を考えるための思考の枠組みを理解しておく必要があります。さらには、立案した戦略を実際に現場に落とし、展開・実行していくための方法論についても知っておくことで、自分の仕事や与えられた目標について深く理解することができるようになります。

もしかすると、あなたなりに戦略を深く洞察すると、今、会社が取っている戦略の不備に気づくかもしれません。そうだとしたら、チャンスです。ぜひ、会社の仲間を巻き込んで、新たな戦略づくりのために働きかけてみてください。

この部では、戦略立案と実行・展開に分けて、その方法を、フレームワークを使って解説していきます。これらの方法は一つしかないというものではなく、さまざまな学者がさまざまな方法を提唱してきました。その中の代表的なものを取り上げ、ご紹介します。それぞれのフレームワークにはケーススタディをもととした活用事例もついています。この本のために創作したものですが、できるだけ本当のビジネスの現場に近い現実的なものにしていますので、参考にしてください。

大きな話から入るので、最初は戸惑うかもしれませんが、ぜひ、あなたの会社にあてはめて一緒に考えてみてください。

第1章
戦略立案のフレームワーク

これから、戦略を考える方法を解説しますが、最初に少し想像してみてください。

戦略を考えるとは、具体的にどういうことだと思いますか？

何のために戦略を考えるのでしょう？　敵に勝つため？　では、敵とは誰でしょうか？　競合企業のことかもしれません。それでは独占企業はどうでしょう？　競合がないという企業もあるかもしれません。そういう会社に戦略は不要でしょうか？

何をすることが戦略立案なのでしょうか？　単に計画すること？　策略をめぐらすこと？　成功のパターンを見つけること？

実は、戦略の考え方にはいろいろなものがあり、戦略研究家のヘンリー・ミンツバーグは著書『戦略サファリ』で、戦略概念を5つのPで表しています。

① Plan（計画）
② Pattern（パターン）
③ Position（ポジション）
④ Perspective（洞察）
⑤ Ploy（策略）

ミンツバーグはそれぞれの学派を解説するとともに、その限界についても述べています。ですので、どれが正しいとは言い切れませんが、この本では一つの考え方としての戦略立案の基本フレームワークを示すとともに、さまざまな戦略検討のためのフレームワークをご紹介していこうと思います。

最初は、1-1の戦略立案基本フレームワークに目を通してください。そのあとは、必要に応じてどこを読んでも構いません。あなたの会社の現状や、あなた自身の考え方にぴったりくるものを選んで、状況に応じて使ってみてください。

戦略立案基本フレームワーク

　先ほど、「何のために戦略を考えるのか」「戦略を考えるとは何をすることなのか」について考えていただきました。
　ここでは、戦略とは構想を実現するために考えるもの、戦略を考えるとはビジョンと現状のギャップを埋めるための道筋を考えること、と定義したいと思います。
　つまり、「将来こうなりたい」という思い、ビジョンがあり、それを本当に成し遂げるために、その方法を考えるということです。
　戦略立案基本フレームワークを図で表すとこのような感じになります。

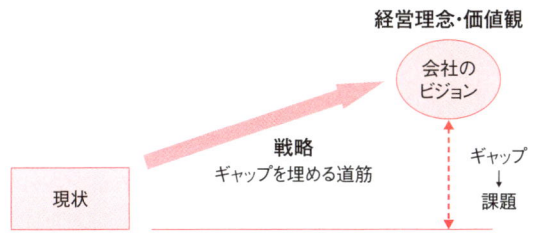

　ビジョンと現状があり、その間のギャップから課題を抽出します。課題に対する解決策を検討し、ビジョンと現状のギャップを埋めていく道筋を考えることが戦略を立案することである、という考え方です。
　マインドマップを使って戦略を考えるならば、4本のメイン・ブランチをまず書いてみましょう。

マインドマップ 1 「戦略立案基本フレームワーク」

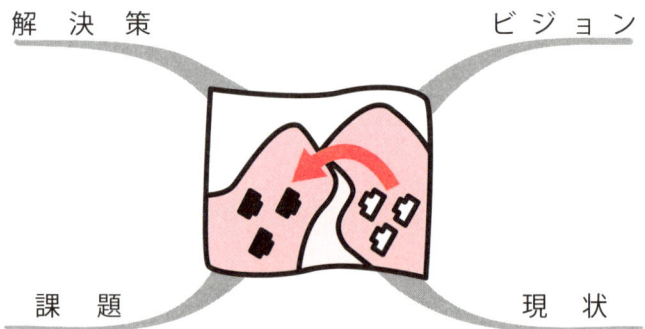

① ビジョン
② 現状
③ 課題
④ 解決策

「ビジョン」のブランチには、将来の姿を書いていきましょう。

将来の姿とは、「売上いくら」といった財務的な結果のことだけではありません。社内の状態はどのようになっていたいのか、社外に対してはどのような価値を提供したいのかについて、さまざまな側面から考えます。

「現状」のブランチには、同じように社内外の様子を書きます。

「ビジョン」と「現状」を考えることができたら、両者のギャップについて考えます。

将来、社員がこんなスキルや能力を身につけているといいな、という内容が「ビジョン」のブランチの先から伸びていたとします。一方で、現状の社員のスキルや能力についての内容が「現状」のブランチの先に書かれています。すると、両者を比べてみると、その差を埋めるために、今、何を優先的に行わなければならないのかが分かってきます。

「ビジョン」も「現状」も、会社の状態をさまざまな側面から検討しています。すると、単にそれらの側面の一つ一つを埋めていけばよいのではなく、それらの側面が構造的に繋がっていることに気づくかもしれません。

たとえば、新たな製品をどんどん開発したいと思っているとします。けれどそのためには、新しいアイディアをどんどん出せるようなクリエイティビティに溢れた人材を育てる必要があるかもしれません。そのような人材を育てるためには、現場の社員たちが思ったことを率直に発言できるような組織の風土を作っていくことが必要でしょう。また、そのような風土を醸成するためには、経営トップが社員の声に積極的に耳を傾けるようなリーダーシップを発揮していなくてはならないかもしれません。

このように、会社の状態をビジョンに向けて、現状から変化させていこうと考えるときには、さまざまな要素同士が繋がっていることに気づきます。その繋がりを見ながら、自社にとって特に重要な点はどこだろうかと考えます。何か一つを変えるとドミノ倒しのように他のこともトントンと変化していく。そんな要素はないだろうかと考えます。

このような、会社を成功に導くために特に重要な要素、それ一つを変えると他もどんどん変わっていくような要素を、「クリティカル・サクセス・ファクター（CSF）」、または「キー・ファクター・フォー・サクセス（KFS）」と呼びます。「課題」のブランチには、この CSF、KFS について書いていきます。

戦略を検討する際に最も重要なのが、この CSF、KFS を見出す作業です。マインドマップを用いると、「ビジョン」と「現状」のそれぞれのブランチを見ながら、思考を深めることができます。たとえば、「ビジョン」のブランチの要素と「現状」のブランチの要素を対比させて、矢印でつなげてみても良いでしょう。また、「現状」のブランチの先に伸びたさまざまな要素の関係や構造を、矢印やアイコン、強調するマークなどを用いながら考えていくのも有効です。

「課題」のブランチの先には、最初から CSF、KFS を確かなものとして書きこまなくてはならないわけではありません。現状からビジョンに向け

て変化させなくてはならないものを、「課題」のブランチの先に思うままに書いているうちに、繋がりが発見でき、その中で、KFSを見出せるかもしれません。KFSを見出したら、その言葉を強調するために、マークをつけてみましょう。

「解決策」のブランチには、「課題」のブランチで明らかになった、自社が取り組むべきことについて、その取り組み方法を考えます。

解決のために仕組みを作ったり、制度を取り入れることを検討するとともに、それぞれの方法を、誰が、いつ、どんな風に行うのかなども書いてみてください。考える際には自社の強みを生かせる方法になっているだろうか、機会を捉えるものになっているだろうか、などを一緒に考えます。解決策を考える際には、あとから出てくる戦略検討フレームワークを用いたり、複数の解決案を検討して、自社にとって最適な方法を見出すようにします。

課題や解決策を考える際に特に注意したいのは、部分的な課題や解決策になっていないか、全社のバランスを考えたものになっているかということです。全社のことを考えずに、目の前に起きている部分的なことを課題と捉え解決策を考えると、その部分だけは良いけれど、結果的に、全社にとっては良くないことになる、ということが起きます。つまり部分最適です。近視眼的な考え方をしていると部分最適になりがちです。

会社というのはすべてが繋がって動いています。これは、もちろん会社に限ったことではありません。すべてが繋がっているというのは、あらゆる事象において言えます。家族、地域社会、国、世界など、さまざまな単位の世界がお互いに影響しあいながら動いています。

ですので、何かをしようとする際には、その繋がりを考えて検討する必要があります。**全体最適で考える必要があるのです。**

経営者に比べると、一般社員はどうしても部分最適で考える傾向があります。これは自分の業務を着実に遂行しよう、成果を上げようという気持ちの裏返しでもありますので、しかたのないことなのですが、できれば、経営者の視点に立って考える習慣をつけるようにすることをお勧めします。

たとえば、あるとき、加工食品の製造販売をしている老舗の会社で、インターネットの商品販売を担当している社員さんが相談をしてきました。

時代の変化とともに自社商品もあまり売れなくなってきた。自分はネットショップを担当しているが、やはりなかなか売上が上がらない。広告を打ち、どうにかしたいのだが、会社から予算をもらえない。上司や役員からは「もっと売上を上げろ」と言われる。悔しいので、一般的には、どの程度の広告費でどのくらいの売上を獲得できるのか、統計数値などを示して上司を説得したいのだが、という話です。

この社員さんは、自分の業務を一所懸命遂行しようとしています。けれど、なぜ広告費をもらえないのかといったことについては、あまり考えていません。

この会社の全体像を考えた際、もしかすると、従来からの商品を販売しつつも、自社の持つ技術を生かしてこれまでにない新しい商品を開発することがKFSかもしれません。そうだとすると、従来商品をインターネットで販売することは続けるとしても、予算を割くべきことではないのかもしれません。

このように、全社を考えた課題、解決策を検討するようにしてください。

case study 1

A社は国内線空港の近隣に3店舗を展開している高級弁当店である。空港から近いという立地の強みを生かして、高級弁当を空港内売店に卸すとともに、空港近隣の自社店舗でも販売している。

A社は高級感ある安全でおいしい食事にこだわっており、コンビニなどには作れない本格的な手作り弁当を提供している。このような優れた商品力にあわせ、長年に渡る空港との取引から得た信頼で評判が高まり、近年では、さまざまな会社から卸売の仕事を頼まれるようになってきた。また、その近隣空港が数年後に国際線を作ることが決まっており、さらなる需要の拡大が見込まれている。

このように営業面では順調な伸びを見せているＡ社であるが、実はいくつかの問題を抱えている。

　卸売においては、自店舗以上に品質管理に気を使わなくてはならない。しかし、厳重な衛生管理体制を取っているにもかかわらず、お弁当の中にたまたま落ちた毛が混入してしまうなどの事故が発生し、取引先からクレームを受けることも稀にあり、更なる衛生管理が求められている。

　また、事業拡大にあわせて積極的に設備投資をしてきたため、当然、借入額も多く、その返済も楽ではない。さらにはこのような企業にありがちなこととして、社員は料理人としての誇りを持ち、高い技術を持ってはいるが、管理職としてマネジメントをする人材の育成に苦心している。

　近年、デパ地下ブーム、駅中ブームなどの影響もあり、老舗料亭が惣菜市場に積極的に進出し、都市部ばかりでなく住宅地にまで惣菜店を構えるケースが増えてきた。また、ファッショナブルで高級志向のデリカテッセンも台頭してきており、これらの動きが進展すると、Ａ社としても今の業態のまま、店舗での営業をしながら卸売をしていられるかどうか分からない。

　社長は60歳を超え、自分の体力の限界も感じながら、今後の事業展開にあたって、将来の方向性と戦略を再検討しようと考えていた。

マインドマップ 2 「Ａ社の戦略立案」

　「ビジョン」のメイン・ブランチからは「社外」のブランチが伸び、おいしい高級弁当を通して食の幸せや安心を提供していこうという自社の提供価値に関する考えが書かれています。「社内」のブランチからは、人材をどのようにしたいのか、店舗や工場をどうしたいのか、会社の中に蓄積しておきたいスキルは何なのかについて書かれています。

　同様に「現状」「課題」「解決策」のメイン・ブランチからも会社についてのさまざまな考察が書かれ、矢印やアイコンで関連性が示され、また重要な言葉にはマークがつけられています。

第1章●戦略立案のフレームワーク

マインドマップ 2 「A社の戦略立案」

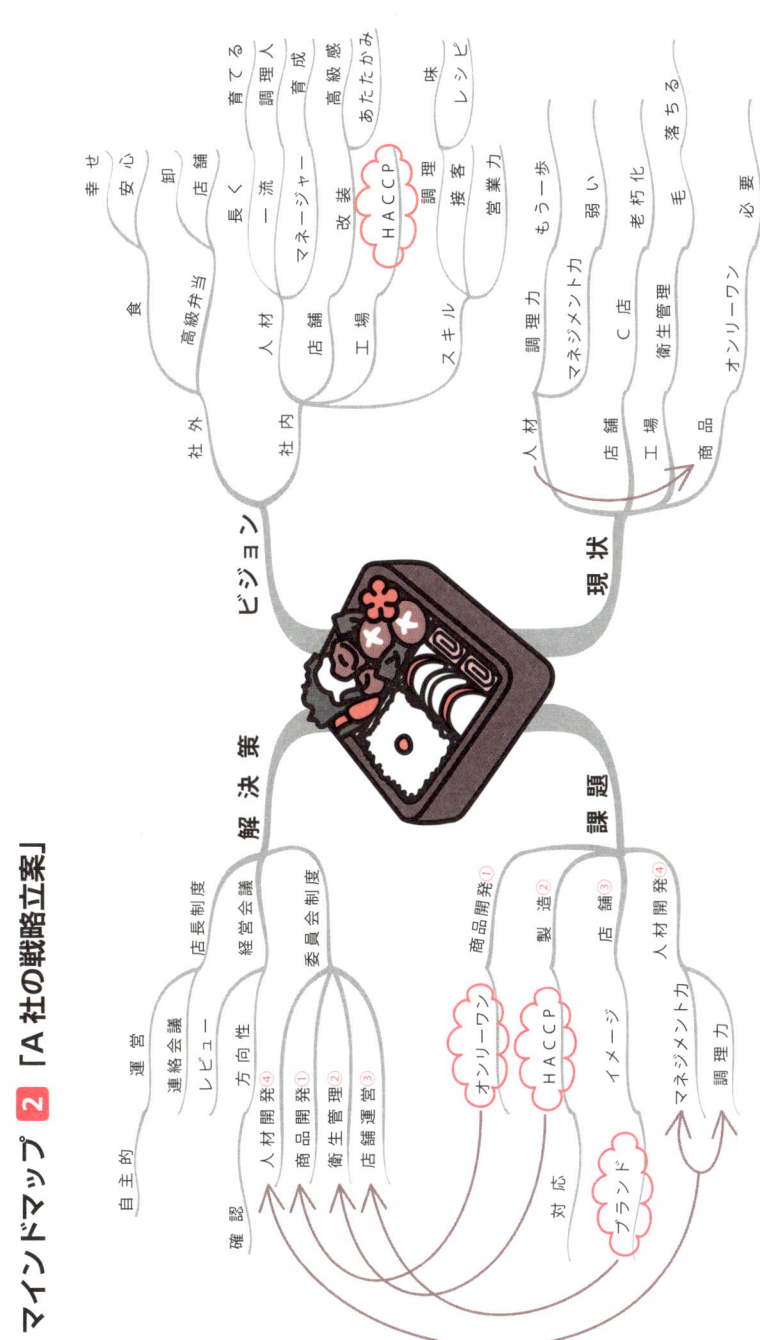

このマインドマップを書いた結果、A社では自社のKFSを、「卸先との信頼関係強化」「人材とチームの能力向上による店舗力の向上」と設定しました。さらにその解決策として、店長制度、委員会制度、経営会議の3つの制度を作り、それぞれの制度の中で何をするかについて考えています。

　さて、戦略立案基本フレームワークの使い方をなんとなく理解していただけましたか？
　まだ、なんだかしっくりこない、と思う人もいるかもしれません。ですが、ご安心ください。今、確認してきたフレームワークは、あくまでも戦略立案の基本のフレームワークで、実はこのあとで、このフレームワークのメイン・ブランチの一つ一つをじっくり検討するためのフレームワークを、いくつもお伝えいたします。それらを身につけていくうちに、この戦略立案基本フレームワークで書くべきことも明確になってくるでしょう。
　それでは、それぞれのメイン・ブランチをさらに深く検討するためのフレームワークを見ていきましょう。

1-2 ビジョン立案フレームワーク

　ここでは、戦略立案基本フレームワークのメイン・ブランチの一つである「ビジョン」について見ていきます。ビジョンを考える際に、どのように考えればよいのかということを確認します。

　ビジョンについて考える前に、「企業はなぜ存在するのか」について考えてみましょう。

　企業はその活動の中で商品を提供し売上を上げて、利益を獲得しています。企業が存在し続けられるのは、必要な利益を得ているからです。けれど、利益を獲得することが目的かというと、どうでしょう。近年、お金儲けに走って不正をした会社がニュースなどで取り上げられているのを見ると、お金儲けだけが企業の目的ではないように思われるのではないでしょうか。

　企業が社会の中で存在できるのは、その活動を通して社会にとって良いもの、価値あるものを生み出し、顧客や社会全体から喜ばれているからです。価値を生まずに不正で利益を獲得していれば、いつかは見破られ、社会から撤退せざるを得なくなります。

　つまり、企業の目的とは、価値を創造することであると捉えることができます。

　では、この価値についてもう少し考えてみましょう。企業側が「これは価値がある」と思うものを生みだせば、価値を創造したことになるのでしょうか？　実は、これについては、アメリカにおいてPIMS（ピムズ）という興味深い研究があります。

　PIMS（Profit Impact Marketing Strategy）は、1960年代の初めに、GE（ゼ

ネラル・エレクトリック社)が始めた研究で、その後、ハーバード大学やマーケティング科学研究所が引き継ぎました。研究の目的は、当初、マーケティング戦略と利益の関係を見出すことにありました。初期の研究では、マーケットシェアとROI (投資利益率)の相関関係を見出しましたが、1980年代になると、マーケットシェアだけが利益のファクターではないということが分かってきます。

さらに研究を進めた結果、顧客の声にもとづいた品質管理や品質投資が利益に影響していることが分かりました。ここで重要なことは、同じ品質管理や品質投資を行っていても、企業側の規定に基づいて行っているのではなく、顧客の声に基づいて行っている場合に、事業は利益を獲得できるということです。

この研究は、企業はどのような価値を創造すべきかいうことについて、重要な示唆を与えてくれています。企業の目的は価値の創造ですが、その価値とは、自分の論理に基づいたものではなく、顧客や社会にとって価値あるものである必要があるということが読み取れるのではないでしょうか。

さて、このように考えてくると、ビジョンを考える際には、自社がどのような価値を創造すべきなのかについて、顧客や社会の立場から考える必要があることが分かります。そして、その価値を創造するために、自社の中にどのような経営資源を持っている必要があるのかを考えることが、ビジョンを考えることになってきます。

ビジョンとは、簡単に言えば「将来こうしたい、こうなりたい」ということであり、「夢」「将来展望」などと言い換えることもできます。ですが、企業である以上、単に私利私欲を満たすような夢では成り立たず、社会的な価値を創造するための夢である必要があります。

では、ビジョンとは、社会から退出させられないために、しかたなく考えることなのでしょうか？ それでは、やる気が起きないですよね。ですが、考えてみてください。自分自身のうれしかった体験を思い出してみると、単に自分だけが得をしてうれしいということよりも、周囲の人たちの

役に立てたり、誰かが喜んでくれたからうれしいということのほうが、多いのではないでしょうか。

人間は社会的な動物で、他人との関わりの中で自分の存在意義を見出し、喜びや生きる意欲を持つものです。ビジョンを考えるときには、ぜひこのような気持ちを思い出して、「どんな風に社会に役に立てれば、自分は幸せを感じるだろうか？」ということを起点にすると良いでしょう。

マインドマップ 3 「ビジョン立案フレームワーク」

さて、ここでは、ビジョン立案のフレームワークとして、以下の3つの事項をマインドマップのメイン・ブランチに書いてください。

① 外的状態（創造する価値や顧客・社会との関係）
② 内的状態（価値を創造するための組織内部の状態）
③ 動機（社会に役立つことによって得られる喜び）

ホンダの社員さんたちがエコカーを開発した際に、「子どもたちに青い空を残してあげたい」という思いを支えにしてビジョンに向かっていったという話を聞いたことがあります。小さな子どもを抱えるお父さんたち

が、エコカーという新たな価値を生み出すためには、やはり子どもたちの未来を守りたいという、人間として自然に湧き上がる感情的な動機があったのだと思います。

マインドマップ 4 「A社のビジョン立案」

　ケーススタディで提示したA社の3年後のビジョンを描いたマインドマップです。

　「外的状態」のブランチの先には、食の安全や食の幸せといった自社が社会に提供しようと考えている価値について書かれています。

　「内的状態」のブランチの先には、3年後に獲得していたい社員のスキルや店舗・工場の様子、借入残額などが描かれています。

　また、「動機」のブランチからは、家族みんなが集まる幸せな食卓を作りたいという思いが書かれ、自分たちがなぜ、このビジョンを実現したいと思えるのかについて表現されています。

　セントラル・イメージにも同様に幸せな家族の顔が描かれており、言葉だけでは表現できない熱い思いがマインドマップに込められています。

事業ドメイン

　ビジョンを考えるのと合わせて考えておきたいのが、自社の事業ドメインです。ドメインとは事業領域のことで、自社が将来にわたって、どのような事業を行っていくかを定義したものです。

　経営学者のエイベルは、ドメインは「顧客」「機能」「技術」の三つの軸で設定できると考えました。これは易しく言い換えると、「誰に」「何を」「どんなふうに」と表すこともできます。

第1章 戦略立案のフレームワーク

マインドマップ 4 [A社のビジョン立案]

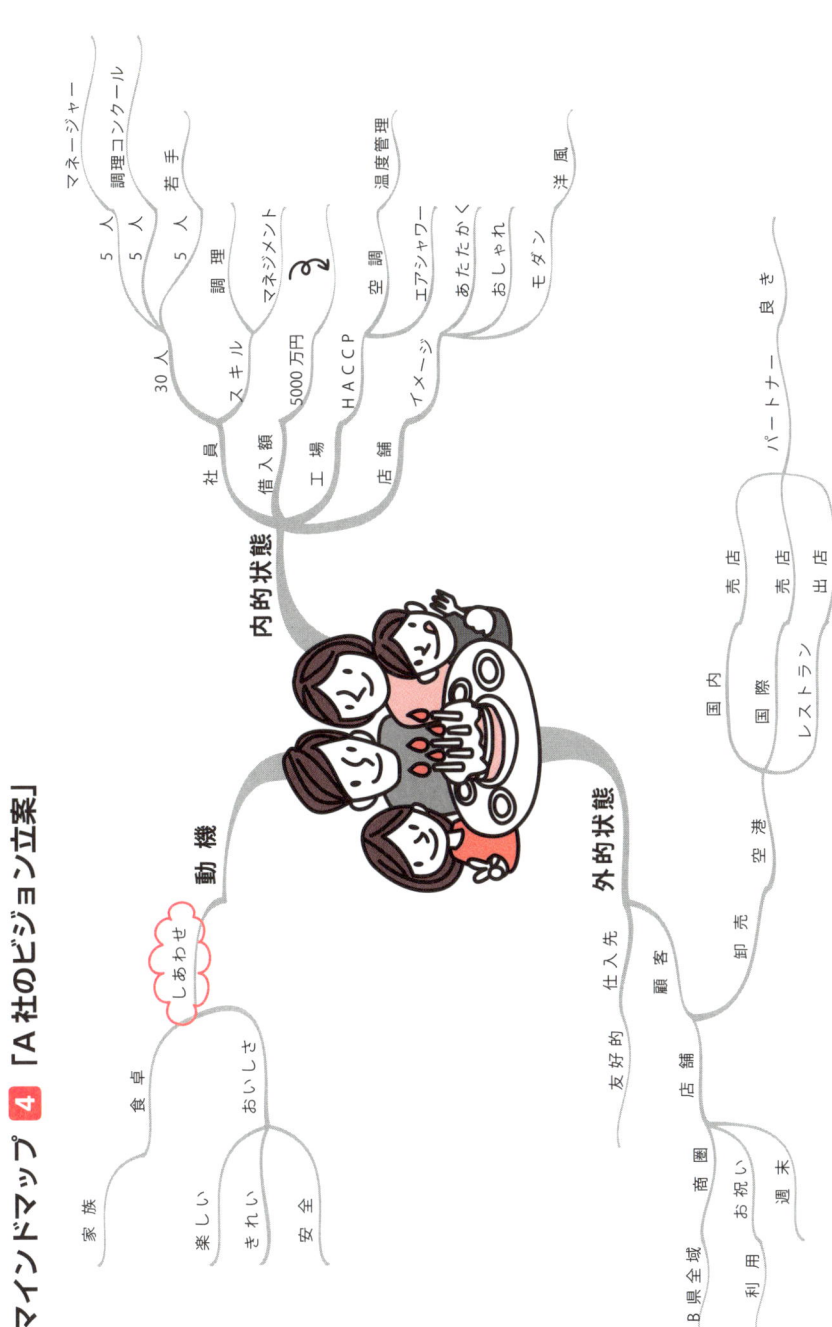

マインドマップ 5 「事業ドメイン」

　マインドマップで考えるときも、この三つの軸をメイン・ブランチに置くとよいでしょう。

① 顧客（誰に）
② 機能（何を）
③ 技術（どんなふうに）

　事業ドメインを定めることで、自社の活動の範囲がはっきりし、行うべきことと行うべきではないことを選択できるようになります。これにより、事業活動がむやみに分散したり、逆に、あまりにも限定的なことだけに集中しすぎて、事業内容が収益を上げられないほどにせばまるのを防ぐことができます。

　また、ドメインは、企業内に蓄積すべき経営資源は何であるのかを明確にする軸にもなります。日々の業務を行いながら、どのような情報を蓄積すべきなのか、どのようなノウハウを確立すべきなのか、といったことを考える上で取捨選択のための判断軸となります。ドメインが明確に示されることで、経営者のみならず、現場の社員たちが日々の仕事の中で自ら判断を行うことができるようになるわけです。

このほかにも、ドメインを明確にすることで、社内に一体感が醸成されたり、企業としての一貫性の高いブランドイメージが確立しやすくなったり、といった効果があります。

マインドマップ 6 「A社の事業ドメイン」

A社の事業ドメインを定めたマインドマップです。「誰に」のブランチからは、家庭での美味しさとやすらぎを求める人たちが顧客であることが書かれています。「何を」のブランチからは、「安心な食」と「美味しさがもたらす幸せ」を提供しようとしていることが書かれています。「どんなふうに」のブランチの先には、「美味しい」「おしゃれ」「こだわり」「手作り」の言葉があります。

注目したいのは、どこにもA社の事業領域が「弁当店」であることが書かれていない点です。A社は自社の事業領域を考える際、単に弁当を作って売る商売とは考えず、もっと本質的な価値である「安心な食」と「美味しさがもたらす幸せ」を「機能（何を）」の軸に定義しました。このように定義すると、もしかしたら、A社のビジネスは弁当店に留まらず、もっと広い範疇にまで広がる可能性を持ってきます。

ドメインは一度定義したら変えないものであるというわけではなく、環境の変化に応じて見直しをすることが必要です。また、ドメインをあまりにも狭く定義してしまうと環境が変わったときに、市場から退出せざるを得なくなることも起こります。

かつては隆盛を誇った映画産業を考えると分かりやすいでしょう。かつて映画の製作や配給を手掛けていた会社の多くは自社のドメインを「映画の提供」に絞っていましたが、やがてテレビの出現により、映画産業がかつてほどの収益を上げなくなると、経営が立ち行かなくなる会社が出てきました。自社のドメインを「娯楽の提供」のように広く取っておけば、別の形で事業を考えなおすことができたはずです。

マインドマップ 6 「A社の事業ドメイン」

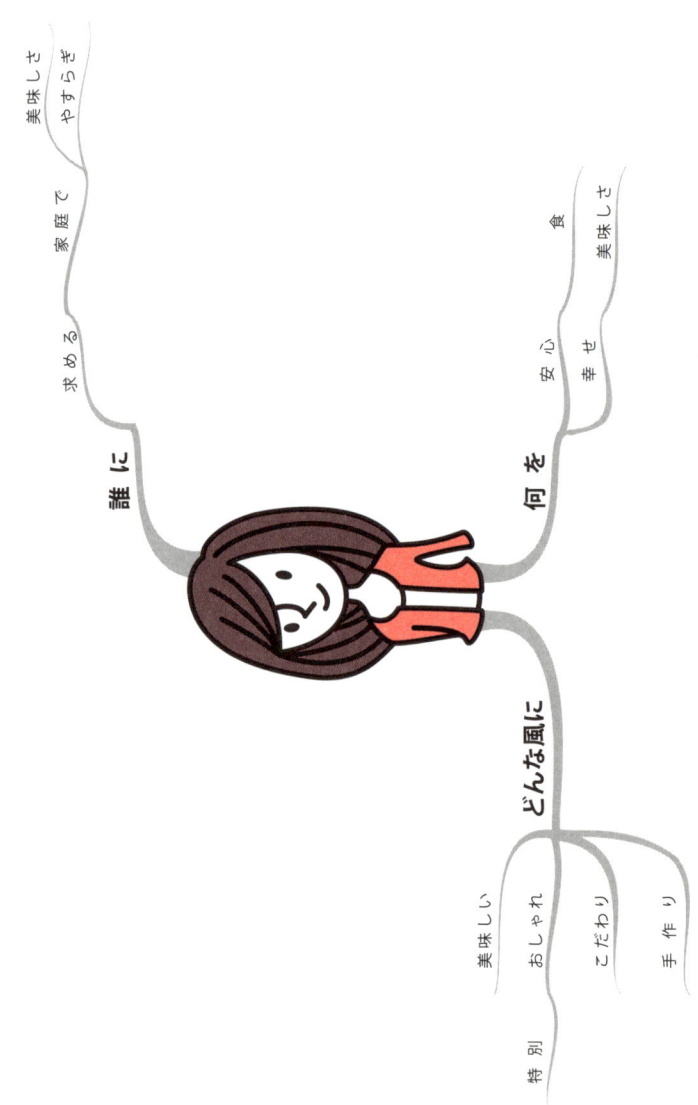

誰に
- 求める
- 家庭で
- 美味しさ
- やすらぎ

何を
- 安心
- 幸せ
- 美味しさ
- 食

どんな風に
- 特別
- 美味しい
- おしゃれ
- だわり
- 手作り

1-3 現状分析フレームワーク

　戦略立案基本フレームワークの二つ目のメイン・ブランチである「現状」を考える際には、現状分析のためのさまざまなフレームワークを知っておくと便利です。ここでは、現状分析の代表的なフレームワークとして有名な、「SWOT分析」「3C分析」「5Forces分析」「バリューチェーン」についてご紹介します。

SWOT分析

　SWOT分析は、経営を分析する方法として最もよく知られたフレームワークです。

　SWOTとは、Strength（強み）、Weakness（弱み）、Opportunity（機会）、Threats（脅威）の頭文字を取ったもので、「スウォット」と読みます。企業を取り巻く環境を内部と外部に分け、内部については強みと弱み、外部については機会と脅威を考えていきます。

マインドマップ 7 「SWOT 分析」

機会　　　　　　　　　強み

脅威　　　　　　　　　弱み

　マインドマップで考える際にも、この4つをメイン・ブランチに置き、その要素を思うままに書いていけばよいでしょう。

① Strength（強み）
② Weakness（弱み）
③ Opportunity（機会）
④ Threats（脅威）

　「強み」のブランチの先には、自社の経営資源の中でも優れていると思われるもの、また、戦略の実行に役立つものを書いていきます。経営資源には「人・モノ・金・情報」があると言われています。ですので、「強み」のブランチの先に4本のサブ・ブランチを伸ばし、それぞれ「人」「モノ」「金」「情報」と書き、その先を考えていくのも一つの方法です。このとき最初から強みを書こうとせず、思い浮かぶものをどんどん書いて、あとから全体を眺めてみたときに、これは強みだなと思えるものにマークをつけるという風にすると、スムーズに思考することができます。

　たとえば、「人」のサブ・ブランチの先には、組織内の個人やチームの持つ能力について書いていくと良いでしょう。有資格者が何名いる、非常

に連携の良いチームワーク、などということも強みになるかもしれません。

「モノ」のサブ・ブランチの先には、工場、店舗、設備や機械などを書いていきます。たとえば製造業では、他社が持つことのできない加工機を有していることが強みになる場合もありますし、店舗や工場の立地の良さが強みになることもあるでしょう。

「金」のブランチには、会社の財務状況や会計情報で特徴的なことを書きましょう。財務会計の知識がさほどなくても、「3期連続黒字」とか、「現金預金の額が増加傾向」のようなことで構いません。

「情報」のブランチには、企業内にある情報やノウハウ、特許、営業権などを書いてみましょう。顧客情報をどれだけ充実させているとか、商品開発ノウハウを持っている、特許や実用新案を持っている、商標登録があるなども強みになります。他社が得ることができない営業権や版権を持っている、特約代理店になっているなども強みでしょう。

「弱み」のブランチには、自社が持つべきであるのに持っていない経営資源について書いていきます。たとえば、顧客との密接な関係を構築することで、顧客に選ばれるホテルになるという戦略を取っているホテルがあるとします。この場合、顧客との密接な関係を構築するためには、顧客の個人的な好みや誕生日、結婚記念日などの情報をホテルのスタッフ全員が共有できるようにする必要があるでしょう。そのためには情報システムとして、全社を繋ぐネットワークとグループウェアのような情報共有の仕組みが必要です。また、全スタッフが日々の業務の中で把握した情報をコンピュータにインプットしようという気持ちを持ち、実行していることが必要です。もし、これらのことができていないとしたら、それは弱みとなります。

この場合には、「弱み」のブランチの先にたとえば、「情報インフラ」という言葉が入り、その先に「顧客情報」、さらに「好み」「記念日」などの言葉が入るでしょう。また、「弱み」の先に続く別のブランチで「業務プロセス」、その先に「習慣化」「インプット」「顧客情報」などの言葉が来るでしょう。

弱みを考えるときに気をつけて欲しいことがあります。それは、自社に欠けている経営資源すべてが弱みであるとは限らないということです。

　たとえ競合他社が持っている経営資源であるとしても、自社が戦略的にその経営資源を必要であると認めていないものは、弱みにはなりません。あくまでも自社の戦略から考えて必要であるのに、持っていないものが弱みです。

　「機会」のブランチには社外の状況の中で、自社にとってチャンスとなることを書いていきます。さきほどのＡ社であれば、卸先の空港が数年後に国際線を持つというのは、それによってビジネスチャンスが広がる可能性を持っていますので、機会です。

　「脅威」のブランチには社外の状況の中で、自社のビジネスの継続を危うくするような要素について書いていきます。Ａ社であれば、老舗料亭や、デリカテッセンの台頭は脅威になります。

　SWOT分析では、以上の４つの要素を考えた後で、それらの関係について考察することで戦略を見出すこともできます。最もよくある戦略は、今ある機会に自社の強みを投入する方法です。

マインドマップ 8 「Ａ社のSWOT分析」

　Ａ社の現状をSWOT分析したマインドマップです。強みのブランチの先には、空港との長年の取引による信頼の構築、商品開発力などが書かれています。弱みのブランチの先には、マネジメント力や財務体質の弱さが書かれています。機会のブランチの先には、空港の国際線化のことが、また、脅威のブランチの先には、老舗料亭のことやデリカテッセンについて書かれています。

3C分析

　3C分析もSWOT分析と同様に、経営を分析する方法としてよく用いられるフレームワークです。

第1章 戦略立案のフレームワーク

マインドマップ 8 [A社のSWOT分析]

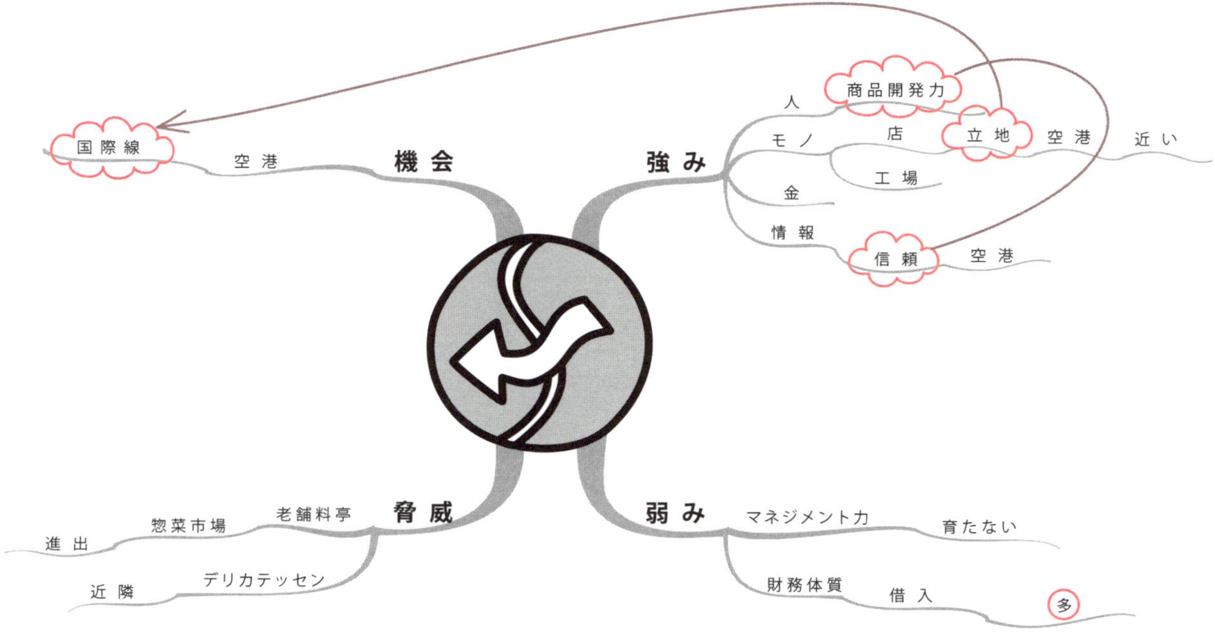

強み
- 人：商品開発力
- モノ：立地（空港近い）、店、工場
- 金
- 情報：信頼（空港）

弱み
- マネジメント力：育たない
- 財務体質：借入（多）

機会
- 空港：国際線

脅威
- 進出：惣菜市場、老舗料亭
- 近隣：デリカテッセン

37

3Cとは、Customer（顧客）、Competitor（競合）、Company（自社）の頭文字を取ったものです。SWOT分析と同様に、社内外の環境を見ていきます。実際に自社の現状分析を行う際には、どちらを用いても構いません。3Cの場合は、SWOTよりも顧客について深く考えることができるため、より顧客志向の経営を行いたいと考えている場合に向いているかもしれません。また、3Cでは異なる立場から自社の経営を考えていきますので、顧客、競合、自社の現状とともに、今後の動向についても考えやすいでしょう。

マインドマップ 9 「3C分析」

自社　　　　　　　　　　顧客

競合

　マインドマップを使う場合にも、この三つをメイン・ブランチに置いて描いていきましょう。

① Customer（顧客）
② Competitor（競合）
③ Company（自社）

　「顧客」のブランチの先には、以下の3点を書いていきます。
　一つ目は自社の顧客の「条件」です。商品を何種類か持っていて、それぞれに異なる顧客を対象としている会社もあるでしょう。また、現在はこ

ういう顧客が対象だけれど、今、新しい商品を開発中で、開発後にはまったく違う顧客が対象になってくる、ということもあるでしょう。このような場合にも、何種類かの顧客の条件があると思いますので、それぞれについて考えてみるようにしましょう。

たとえば、さきほどのＡ社であれば、顧客は大きく二種類に分かれています。一つは卸売先、これは空港を管理する会社などで、実際にお弁当を食べる人ではありません。もう一つは店舗に買いに来る顧客、つまり実際にお弁当を食べる人です。この二種類の顧客について、Ａ社はどのような顧客を対象にしているのか、その条件を考えていきます。

卸売先の条件としては、「大規模メーカーには作れない本格的な商品に、価値を見出してくれる会社」というものが挙げられるでしょう。これはとても大切な条件です。このような条件を満たしていない会社なら、大規模メーカーからお弁当を仕入れればよいわけです。大規模メーカーは大量生産でコストを抑えていますので、おそらくＡ社からよりも安く仕入れられることでしょう。価値が見い出せないのであれば、わざわざ高いＡ社の商品を仕入れる必要はなくなります。

また、「手作りの丁寧さやできたての美味しさにこだわり、配送力を評価してくれる会社」という条件もあるでしょう。Ａ社の強みは空港から近いという立地にありますから、この強みを生かせることを評価してもらえることも重要な条件になります。

このように、顧客の条件は自社ならではのユニークなものを考えることが大切です。単に「お弁当を供給してもらいたい会社」という条件にしたのでは、自社の強みを生かすこともできず、顧客との良い関係を築くのも難しくなるでしょう。

店舗の顧客に関しても、同様に条件を考えていきます。

これも単に「お弁当を食べたい人」とか、「お弁当を買う人」というのでは条件になりません。自社の商品の特徴を自覚していれば、もっとターゲットを絞った条件づけが考えられます。

たとえば、「たまには美味しい高級弁当の味を近所の安心できる店で買っ

て楽しみたい主婦」というのは良い条件づけの例です。このように顧客を条件づければ、自社が取り組むべきことが明確になってきます。顧客はいつもの家庭料理とは少し違うものを求めているのでしょうから、商品説明には原材料へのこだわりや手の込んだ調理方法について、自分たちの言葉で書いてみるというのは良いアピール方法かもしれません。とは言っても、家庭で楽しむものでもあるわけですから、家族全員に喜んでもらえるよう子供向けからお年寄り向けまで対応できるようなメニューを用意する。買いやすいように、惣菜は一つひとつを小さなパックにしてみる。このようなことができるのは、自社の顧客が誰であるかという条件づけが明確になっているからです。

「顧客」のブランチの先で考えることの二つ目は、顧客の「ニーズ」です。ここでは、ニーズとは「顧客が今必要だと思っていること」と定義します。これは、三つ目の「ウォンツ」と区別するためです。ニーズについても、顧客が二種類に分かれているのならば、それぞれについて考えてみます。

A社の場合、卸売先のニーズは、「早朝に予定どおりに確実に配達してくれること」というのがあるでしょう。また、空港の売店で販売される高級弁当であれば、料理の美しさや均一性も求められます。「毛の付着などの事故がない」というのは非常に大きなニーズでしょう。

ニーズを考える際に注意すべきことは、自社が知っていること以外にも、顧客はニーズを持っているかもしれないということです。A社であれば、上記のようなニーズは自社内で知っていることですが、もしかしたら、実は違ったニーズもあるかもしれません。「配送係が弁当を詰めたコンテナをポンと置いてすぐ行ってしまうのではなく、一言声をかけて、追加注文を聞いてくれるといいな」などということを、顧客は考えているかもしれません。

このような顧客がなかなか言い出さないニーズを捉え、それに対応することができれば、自社の提供する価値はより高いものになります。そのためには、顧客とのコミュニケーションに努め、顧客の声に耳を傾ける必要があります。

「顧客」のブランチの先に考える三つ目の要素は顧客の「ウォンツ」です。ウォンツは欲求という意味ですから、いろいろな捉え方がありますが、この本では、ウォンツを「顧客自身も気づいていないけれど、あったらうれしいもの」と定義します。

ウォンツを考えるのは簡単なことではありません。ニーズについては、顧客の声に耳を傾けることで探ることができますが、ウォンツについては、顧客自身も自覚していないので、聞いても探りだせないのです。

どういうことかというと、一番分かりやすい例はソニーのウォークマンです。かつて携帯音楽プレーヤーがなかった時代、顧客はウォークマンのような商品を欲しいと思っていたわけではありませんでした。当時は大きな音楽プレーヤーを部屋に置いて音楽を聴くという方法しかありませんでしたから、カセットプレーヤーを毎日持ち歩くなどという発想はないわけです。ですが、ソニーの開発者は当時の市場を洞察して、そのようなウォンツがあるはずだと考えたのです。当時は高度経済成長期を経た頃で、若者が音楽を日常的に楽しむ習慣が一般化していました。顧客は見たこともない商品を欲しいとは考えませんが、ウォークマンのような商品ができたら、きっとヒットするはずだと考えたのです。ウォークマンの開発は、顧客自身も気づかないウォンツを見出し、商品化した良い成功例です。

「顧客」の枝の先に書くべきことの概要は以上です。顧客の条件、ニーズ、ウォンツについて深く考えてみると、自社が今後取り組むべきことが少しずつ見えてきます。

「競合」のブランチの先には、競合の持つ強みや、その強みを生み出している業務プロセス、つまり一つひとつの仕事の特長を書いていきます。また、競合が将来、どのような方向に進もうとしているのかについても、ここで考えるといいでしょう。

「競合」のブランチの先に、具体的な競合の会社名を乗せたブランチを書き、その先に、「強み」「仕事」「将来」などのブランチを伸ばして、思い浮かぶことを書いていきましょう。

競合について深く考えることで、自社の独自性について考えることがで

きます。

　企業は何らかの価値を創造し、社会に提供しているから存続することができるのだという話をすでにしました。ですが、似たような価値を創造、提供している会社は他にもたくさんあります。これらの会社がまったく同じ価値を提供しているのであれば、価格競争で戦うしかありません。しかし、価格競争に入り込んでしまったのでは、自らの首を絞めることになります。そこで、自社ならではの特長、つまり独自性が必要になってくるのです。

　同じ商品を作っていても、たとえば顧客を絞り込むことによりサービス内容に特徴を持たせる、商品そのものではなく顧客との密接な関係で自社ならではの事業を展開する、などが独自性の例です。

　「競合がやっているから自社もやる」というのは、その業界において顧客から求められる当たり前の品質を確保するレベルまでは効果があります。ですが、当たり前のレベルを超えた部分については、あまり効果のないことです。

　「自社にしかできないこと」「自社の強みを生かした特長あること」に焦点を当てて独自性を築いていくことを考えてください。「競合」のブランチの先に伸びた競合会社の名前の入ったブランチと並列して、「わが社」というサブ・ブランチを伸ばし、自社ならではの強みや仕事の仕方などの独自性に関することについて考えてみるといいでしょう。

　「自社」のブランチの先には、自社の経営資源を書いていきます。SWOT分析の解説の「強み」「弱み」と同様に考えてよいでしょう。強みとしての経営資源は「人・モノ・金・情報」で考えられますし、弱みは必要なのに持っていないものを書きます。

マインドマップ 10 「A社の3C分析」

　A社の現状を3C分析したマインドマップです。顧客のブランチの先には、卸売りと店舗売りの二本のブランチが書かれ、それぞれから、条件・ニーズ・ウォンツのブランチが書かれています。競合のブランチの先に

第1章 ●戦略立案のフレームワーク

マインドマップ 10 [A社の3C分析]

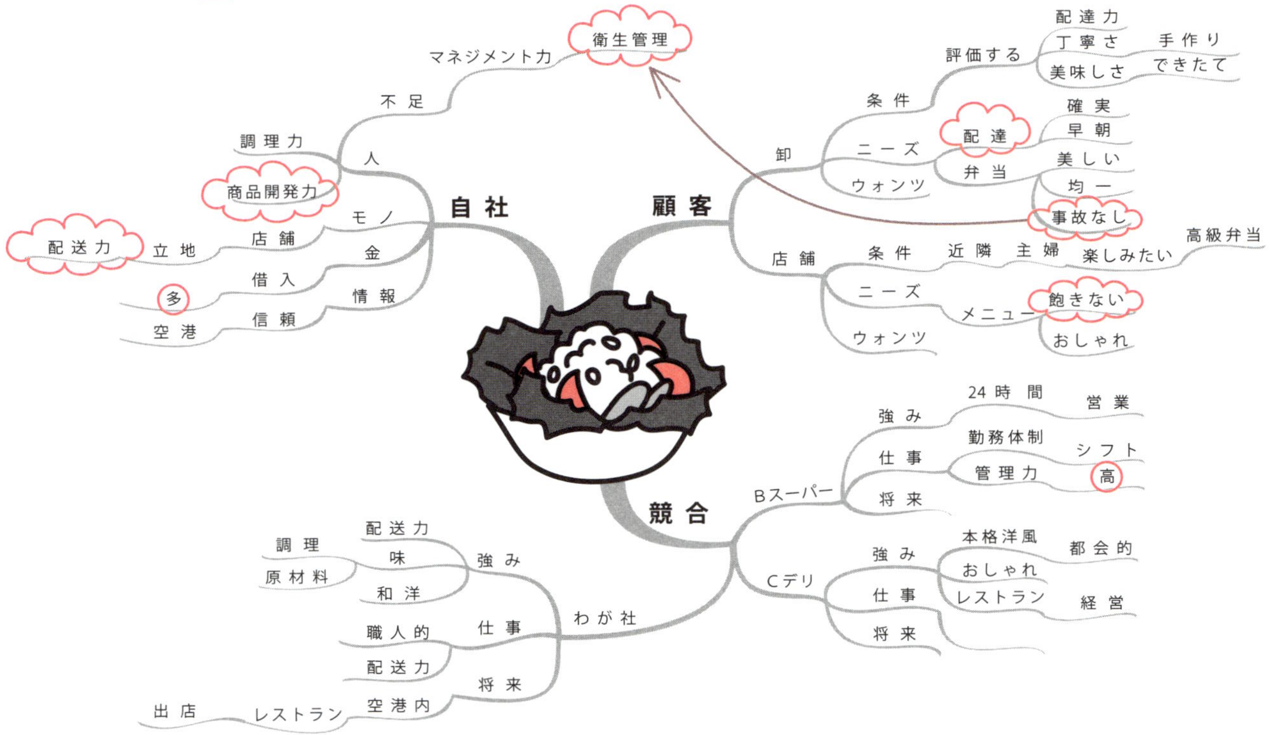

顧客
- 卸
  - 条件
    - ニーズ
      - 評価する
      - 配達力
    - ウォンツ
      - 丁寧さ
      - 美味しさ
      - 手作り
      - できたて
  - 配達弁当
- 店舗
  - 条件
    - 近隣
    - 主婦
  - ニーズ
    - 確実
    - 早朝
    - 美味しい
    - 均一
  - ウォンツ
    - 事故なし
    - 楽しみたい
    - 飽きない
    - おしゃれ
    - 高級弁当
  - メニュー

競合
- Bスーパー
  - 強み
    - 24時間営業
    - 勤務体制
    - シフト
    - 高
  - 仕事
    - 管理力
  - 将来
- Cデリ
  - 強み
    - 本格洋風
    - おしゃれ
    - レストラン
    - 都会的
    - 経営
  - 仕事
  - 将来

自社
- マネジメント力
  - 衛生管理
  - 不足
- 人
- モノ
  - 調理力
  - 商品開発力
  - 店舗
  - 立地
  - 多
  - 空港
- 金
  - 借入
- 情報
  - 信頼
  - 配送力

わが社
- 強み
  - 配送力
  - 味
  - 和洋
  - 職人的
  - 配送力
  - 空港内
- 仕事
  - 調理
  - 原材料
  - レストラン
  - 出店
- 将来

43

は、近隣のスーパーB社や、最近開店したデリカテッセンのC社について書かれています。自社のブランチの先には、配送力や商品力の強さについて、また、マネジメント力が不足しているために衛生管理が未熟であることが書かれています。

バリューチェーン

　バリューチェーンはマイケル・ポーターが提唱したもので、企業活動のプロセスの連鎖が価値を生み出しているという考え方です。現在の自社が提供している価値を見直したい、価値を生み出すプロセスを見直したい、と考えているときに活用できます。

　バリューチェーンを用いて自社の活動を分析し、それぞれの活動のどこでどのような価値が生み出されているのかを理解することで、新しい価値を生み出すために、どこでどのように活動を変化させればよいかを考えることができます。

　マイケル・ポーターのバリューチェーンは次のような図で表されます。

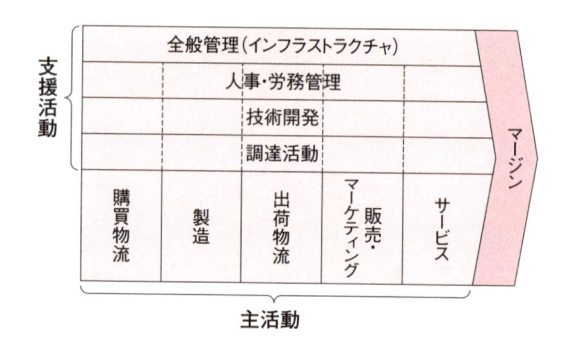

支援活動	全般管理（インフラストラクチャ）				マージン
	人事・労務管理				
	技術開発				
	調達活動				
	購買物流	製造	出荷物流	販売・マーケティング	サービス
	主活動				

マインドマップ 11 「バリューチェーン」

　会社の業務は大きく分けて主活動と支援活動があります。主活動が価値を生み出す本体となり、支援活動はそれを助ける役割を果たします。

　マインドマップを使ってバリューチェーンを考える際には、主活動と支

マインドマップ 11 [バリューチェーン]

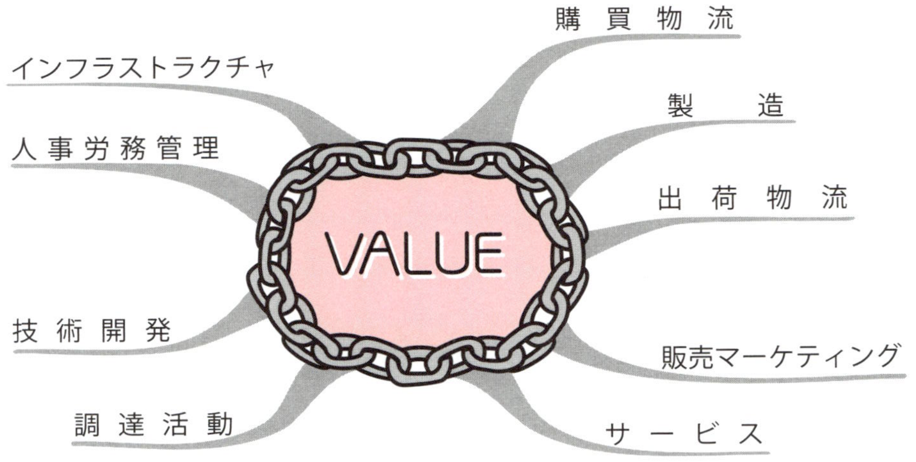

- 購買物流
- 製造
- 出荷物流
- 販売マーケティング
- サービス
- 調達活動
- 技術開発
- 人事労務管理
- インフラストラクチャ

VALUE

第1章●戦略立案のフレームワーク

援活動を左右に分け、その要素をすべてメイン・ブランチにすると良いでしょう。

> ① 購買物流
> ② 製造
> ③ 出荷物流
> ④ 販売・マーケティング
> ⑤ サービス
> ⑥ インフラストラクチャ
> ⑦ 人事・労務管理
> ⑧ 技術開発
> ⑨ 調達活動

　主活動をさきほどのA社で考えてみましょう。A社は高級弁当店ですから、まず、弁当を作るための原材料を仕入れます。この業務が「購買物流」にあたります。そして、仕入れた原材料をもとに実際に弁当を「製造」します。その後、卸の商品は空港に配送されます。ここが「出荷物流」です。こうして卸売先に弁当が納品され、「販売」が完了します。その後、今後はこういう商品を作ってほしいという卸先のニーズを聞いたり、卸先のさらに先にいるお弁当を買うお客様の声を聞き、顧客との関係を保ちます。これが「サービス」になります。これらの一連の業務の連鎖によって、A社の価値は生み出されています。

　支援活動はこれらの主活動をバックアップする働きをしています。

　たとえば、A社でも電話やファックス、インターネットなどがなければ、卸先との取引をスムーズに行うことができません。このようなインフラを整備し、いつでも活用できるようにしておくのは支援活動の仕事になります（「インフラストラクチャ」）。また、働く人たちの社会保険の整備や給与支払いなどもあります（「人事・労務管理」）。新たな惣菜メニューを開発するために研究に取り組んだり（「技術開発」）、工場や店舗がいつも快

適な場であるよう備品を調達しておくこと（「調達活動」）も支援活動になります。

　このように考えてみると、会社の業務というのは実に多岐に渡っています。これらの業務の一つひとつを見直すことで、会社の生み出す価値をもっと高めていくことができます。

　マインドマップで考える際には、現状と理想の二つのマインドマップを書いても良いでしょう。

　現状を分析するのならば、自社の現在の業務の一つひとつをバリューチェーンのフレームに合わせて書き出してみます。具体的にどのようなことをしているかを書きます。そして、理想状態をバリューチェーンのフレームでマインドマップにしてみましょう。このときには、もちろん、ビジョン立案フレームワークで考えた将来像を踏まえながら考えてください。

　マインドマップは全体像を確認しながら、一つひとつの詳細を考えることができるので、会社の業務全体のバランスを考えながら、それぞれの業務の最適な方法を検討することができます。二つのマインドマップを見比べると、自社が今、取り組むべき課題が見いだせるでしょう。

マインドマップ 12 「A社の現状のバリューチェーン」

　A社の現状をバリューチェーンで分析したマインドマップです。右側には五本のメイン・ブランチで主活動が、左側には四本のメイン・ブランチで支援活動が書き出されています。書きだしてみて、気になる箇所、改善が必要ではと思われる箇所には、マークが付けられたり、「？」マークが書き込まれています。たとえば、原材料の購買は、現在、製造担当者からの要望を受け経理担当者が行っていますが、そのために製造担当者に原価意識が薄くなるという問題を起こしています。製造は工程別に担当者が分かれていますが、このために一人が欠けると製造がうまくいかないという問題も抱えています。こうして現在の各業務を全体の活動の中で検討しなおしてみると、さらなる価値創造のために最適な業務プロセスを築く上で、これから取り組むべきこと、改善すべきことが見えてきます。

マインドマップ 12 ［A社の現状のバリューチェーン］

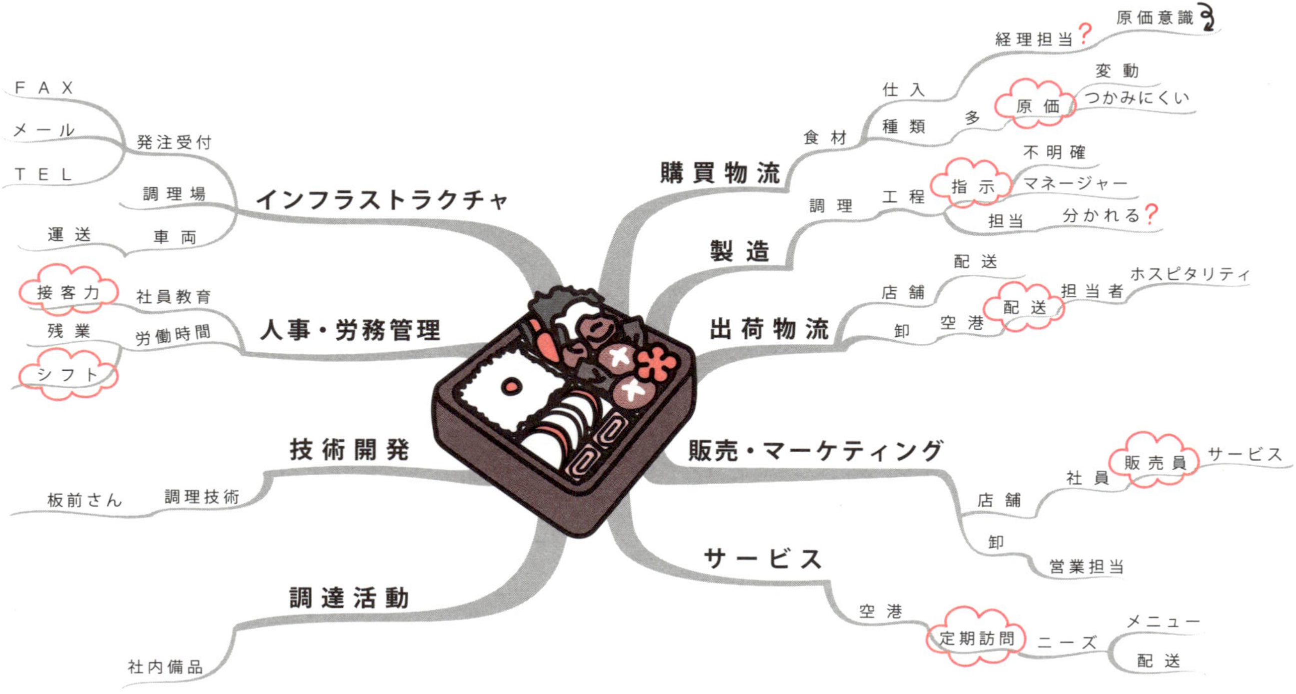

購買物流
- 食材
  - 仕入
  - 種類 多
  - 経理担当？
    - 原価
      - 変動
      - つかみにくい
      - 不明確
      - 原価意識

製造
- 調理
  - 工程
  - 指示
  - 担当
  - マネージャー 分かれる？

出荷物流
- 配送
  - 店舗
  - 卸
  - 空港
  - 配送担当者
  - ホスピタリティ

販売・マーケティング
- 店舗
- 卸
- 空港
- 社員
  - 販売員
  - 営業担当
- 定期訪問
  - ニーズ
  - メニュー
  - 配送

サービス

インフラストラクチャ
- FAX
- メール
- TEL
- 発注受付
- 調理場
- 車両
- 運送

人事・労務管理
- 社員教育
- 労働時間
- 接客力
- 残業
- シフト

技術開発
- 板前さん
- 調理技術

調達活動
- 社内備品

5Forces 分析

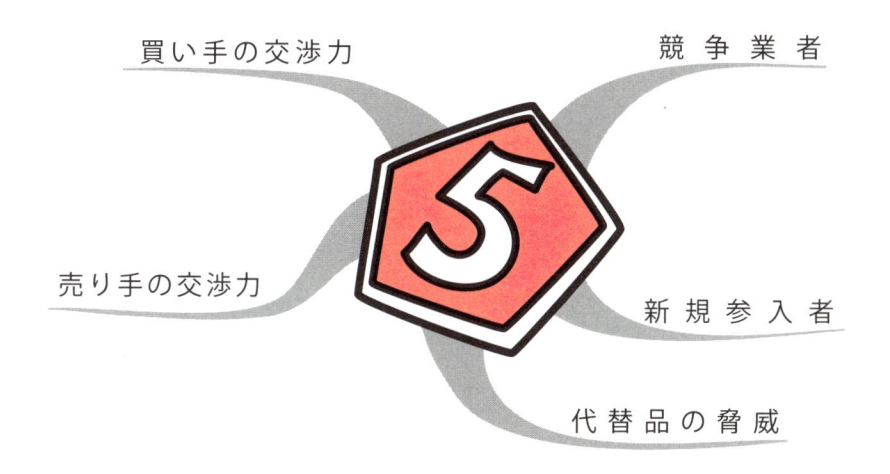

5Forces（ファイブ・フォーシズ）分析も、バリューチェーンと同じくマイケル・ポーターが提唱したものです。バリューチェーンが企業内部を分析しているのに対し、5Forces では企業の外部を分析し、その業界の構造を明らかにします。

5Forces というのは「五つの競争要因」という意味で、事業そのものを取り巻く環境を広い視点から分析すると、単なる同業者の競合関係だけが競争要因なのではなく、障害となる要因として以下の五つがあるという考え方です。

① 競争業者
② 新規参入者
③ 代替品の脅威
④ 売り手の交渉力
⑤ 買い手の交渉力

マインドマップ 13 「5Forces 分析」

買い手の交渉力　　競争業者

売り手の交渉力　　新規参入者

代替品の脅威

マインドマップで考える際にもこの五つをメイン・ブランチに置きましょう。

「競争業者」というのは、業界内の競合のことです。自社のビジネスと同様のビジネスを行っている競争業者について考えます。「競争業者」のブランチの先に競争業者の社名を書き、さらにその先のブランチにその会社の強みや弱みについて書くと良いでしょう。

「新規参入者」は、現在は競合となっていないけれど、新たに業界に参入し、これから脅威となるような会社のことです。これについても、競争業者と同様に強み、弱みなどを検討し、将来的にどのような脅威になるかを考えます。

「代替品の脅威」とは、自社の商品と同じではないけれど、機能的には同じ役割を果たす商品のことです。たとえば、かつてMDという音楽保存媒体がありました。およそ7cm四方で厚さも5mm程度の媒体で、携帯用MDプレーヤーが一時売り出されましたが、やがてiPodのようなハードディスクを内蔵する携帯用音楽再生機器に取って代わられました。携帯用MDプレーヤーにとって、iPodは代替品の脅威であったと言えるでしょう。

「売り手の交渉力」とは、自社に対して商品の原材料などを提供する会社の交渉力を指しています。商品を仕入れて販売する会社であれば、仕入先の会社のことです。提供会社がパワーを持っていると、高い価格で仕入れさせられ、利益が薄くなります。

「買い手の交渉力」とは、顧客の交渉力を指しています。顧客側のパワーが強いと安く売らされ、これも利益が薄くなります。

「売り手の交渉力」と「買い手の交渉力」を理解していただくために、例として、小さくて力のない酒屋を考えてみましょう。小さな酒屋は大量仕入れができないため、卸売から安く商品を仕入れることができません。それでも近隣の飲食店などにお酒を納めますが、飲食店からは値引き要求をされたり、いろいろな面倒を背負わされます。売り手に対しても、買い手に対しても、力を発揮できずにいます。相手の交渉力に苦しんでいるわけです。これに対して大規模なディスカウントストアは大量仕入れができる

ため、商品を安く仕入れられます。そのため販売価格も小さな酒屋より下げることができる上、利益は多く獲得できます。

このような構造になっている場合、小さな酒屋は価格以外の何かで戦わなくてはなりません。たとえば、自社にしかない商品を作り、その商品力で顧客にアピールするなどの方法を考えるべきでしょう。

5Forces分析は、その事業そのものの収益性や成長性を検討する際に用います。創業する業界を考えたり、新分野への進出を検討する際に使うことができます。また、現在、自社がいる業界を広く分析することで、競争戦略を考える際の基本方針が見えてきます。

さきほどの高級弁当店A社の持つ店舗、D店を例にとって考えてみましょう。

A社にとっての「競争業者」は、近隣のスーパーやデリカテッセンです。D店の近隣には、それぞれ一つずつあります。一つは洒落た洋風惣菜に力を入れたチェーンのデリカテッセンで、フレンチレストランを経営しており、洋風総菜の味は本格的です。もう一つは普通のお弁当を売るスーパーです。こちらはとりたてて特長のない弁当ですが、駅ビル内にあり24時間営業なので、いつでも買うことができます。

「新規参入者」は、今後、近隣に開店するかもしれない老舗料亭の惣菜店です。近年、デパ地下、駅中ブームなどの影響で、老舗料亭が業態を転換し始めており、この傘下にある惣菜店が近隣に進出すると、A社にとっては大きな脅威になります。D店近隣は私鉄のターミナル駅をバックに、駅ビルや駅前商店街も充実しており、これらの惣菜店のターゲット地域になる可能性は高いと言えます。

「代替品の脅威」は、近隣の飲食店です。D店のお客様の中には、家庭で食べるのではなく、家族で外食することで、同じような楽しみを手に入れたいと考える人たちもいるだろうと思われます。

「売り手の交渉力」では、原材料の卸売業者を考えます。A社は店舗を3店舗持っており、まとめ買いで原材料仕入れを行える分、卸売業者に対す

る交渉力は持っています。ですが、高級食材については扱う卸売業者も限られており、価格等の条件では強く出られる可能性もあります。

「買い手の交渉力」は、D店に弁当や惣菜を買いに来る実際に料理を食べる顧客と、弁当の卸先である空港等の会社について考えます。

店舗の顧客の交渉力を考える際には、D店の近隣に広がる住宅地やマンションにどのような層が住んでいるかを知る必要があります。所得や年齢、家族構成などによりニーズが異なるでしょうから、これに応えていなくては店舗に買いに来てもらえません。卸先は空港などの会社ですが、これらの会社はA社に対して、納期や品質、価格について厳しく要求してくるでしょう。

5Forces分析は、このように事業の置かれた状況を広い視野から分析することで、事業の収益性を検討し、どのような競争戦略を取るべきかを見出すために用います。

マインドマップ 14 「A社の5Forces分析」

「競争業者」のブランチの先には近隣にあるBスーパーとCデリカテッセンのブランチが伸び、それぞれの特徴が書かれています。「新規参入者」の先には老舗料亭の惣菜店参入の可能性が、「代替品の脅威」の先には近隣の飲食店の中でも特に料理自慢の店の名前が書かれ、それぞれの特徴や今後の動向予測が書かれています。

「売り手の交渉力」には卸売業者、「買い手の交渉力」には、近隣に住む住民と卸先について書かれています。

第1章 ● 戦略立案のフレームワーク

マインドマップ 14 「A社の 5Forces 分析」

競争業者
- Bスーパー — 24時間営業
- Cデリ — 洋風・本格的

新規参入者
- 老舗料亭 — 和風・本格的
- 料理店P — 和風・個室あり・2店舗め

代替品の脅威
- レストランQ — 洋風・ワイン・来秋・品揃え・高級路線・×子ども・○大人

買い手の交渉力
- 家族 — 30〜40代
- うるさい — 味
- こだわり — 食材
- 注文 — 時間指定
- 早く — 配送
- 確実 — 品質
- 均一
- 事故
- 休日
- 時間
- 個数
- 対応
- 店舗客
- 空港

売り手の交渉力
- 仲卸
- 西京漬
- 京野菜
- 高い?
- 少ない
- 取扱い

53

1-4
問題解決フレームワーク

　戦略立案基本フレームワークの「ビジョン」と「現状」を考えたら、KFS（キー・ファクター・フォー・サクセス＝本質的課題）を考えます。戦略立案基本フレームワークのところでも、KFSの考え方について触れましたが、ここでは、自社の本質的な課題を考えるためにヒントとなる考え方をいくつか見ていきましょう。

問題点を特定する

　自社にとっての本質的課題を考えるためには、社内で起きているさまざまな事象の中から特に重要だと思われるものを捉え、その事象を他の事象と組み合わせるなどしながら、原因を推測したり、将来を洞察したりしなくてはなりません。

　このとき、まず大切なのは、さまざまな事象の中からどの事象を選び捉えるかということです。適切な事象を捉えるためには、その人の問題意識や事象の背景を推察する力が高くなくてはできません。

　事象を捉える際には、以下の三つが異なるものであることを認識していると役立ちます。

① 問題
② 問題点
③ 制約要因

マインドマップ 15 「問題点特定フレームワーク」

制約要因　　　　　　　　　　　　　問題

問題点

　「問題」というのは、実際に起きている事象、または今後起こりうる事象です。たとえば、売上低下というのは事象ですので、「問題」にあたります。

　「問題点」というのは、「問題」となっている事象の背景にあるもののうち、主体的に解決すべきものです。

　なぜ売上が低下しているのかを考えた際、たとえば「競合が新商品を打ち出した」という理由が見つかります。けれど、これは「問題点」にはなりません。主体的に解決すべきものではないからです。競合が新商品を打ち出したという事実を、主体的に解決すべきものという視点で捉えなおすと、「自社に魅力的な新商品がない」という理由が見出せます。これは自社で新商品開発をすることを課題として主体的に取り組めますので、「問題点」と言えるでしょう。

　では、急激な景気後退が売上低下の理由だとしたらどうでしょうか。大手の金融機関が倒産して社会不安が広がっているために売上が低下するなどということもあるでしょう。これは、売上低下の背景にある「制約要因」にあたります。自社の力のみではどうすることもできません。

　「制約要因」は、確かに自社にとっての問題を引き起こしますが、「制約

要因」が作り出す環境の中で、主体的に課題を発見し解決することで、ビジョンを実現しなくてはなりません。ですので、「制約要因」は所与のことと受け止め、自社が主体的に取り組める「問題点」を推測し、それを踏まえて、どの事象に注目すべきなのかを考える必要があります。

つまり、自社の課題を発見するためには、ここで言う「問題点」を推測しながら「問題」を重要な事象として捉える力が必要であることが分かります。

たとえばA社の場合には、「問題」として、商品に毛が入るなどの事故が発生してしまったこと、財務状況が不安定であることを上げることができます。

これに対して「問題点」は、衛生管理体制に不十分な点が残ること、マネジメントできる人材が育ってこないこと、借入が膨らんでいて利子支払いも多く利益が出にくい状況であることなどが上げられます。これらの問題点があるから「問題」が発生しているのです。

一方、「制約要因」には、空港の乗降客数の季節変動が上げられるでしょう。この結果、A社は空港に対する売上にバラツキが出やすい状況になっていますが、空港の乗降客数の変動は自社でどうすることもできませんので、制約要因です。

空港の乗降客数の変動という制約要因を主体的に解決するためには、空港への売上の変動に自社があまり影響を受けないように、取引先を分散させたり、自社店舗での売上を伸ばし、空港の売上を全体の売上構成の中で小さく抑えることが必要になります。この場合、空港の売上が全体の売上構成の中で大きいならば、これを問題点に上げることができます。

マインドマップ 16 「A社の問題点特定」

「問題」のブランチの先には、現在、A社が困っている事象として、空港に卸している弁当に毛の混入事故が発生してしまったこと、財務状況が不安定であることが書かれています。他にも考えられる問題があれば、同様に「問題」の先に書くようにします。

第 1 章 ●戦略立案のフレームワーク

マインドマップ 16 [A社の問題点特定]

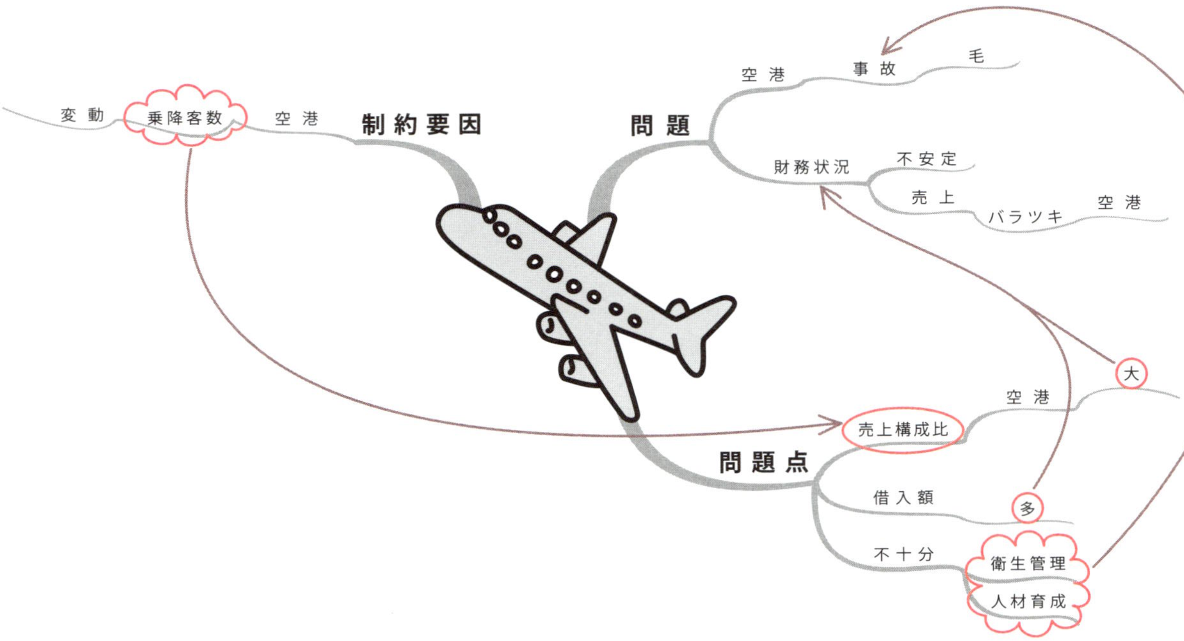

問題
- 空港
  - 毛
  - 事故
- 財務状況
  - 不安定
  - 売上 バラツキ
  - 空港
- 空港
  - 多
  - 衛生管理
  - 人材育成

問題点
- 売上構成比 大
- 借入額
- 不十分

制約要因
- 空港
  - 乗降客数
  - 変動

「問題点」のブランチには、空港の売上構成比が全体の中で大きいこと、借入額が多いこと、衛生管理体制や人材育成が不十分なことについて書かれ、問題との関連性が矢印で示されています。

　「制約要因」のブランチの先には、自社ではどうにもすることのできないこととして、空港の乗降客数の変動について書かれています。これは空港の売上構成比が大きいことを解決する必要があることを示唆しており、これらは矢印で結ばれています。

5ナゼ

　問題の本質を探る方法として、トヨタが活用していることで知られる「5ナゼ」があります。今起きている問題に対し、「ナゼ？」を五回繰り返すことで、本質的な問題点を探り出す方法です。

マインドマップ 17 「5ナゼ」

　マインドマップで考えるならば、問題の原因を段階的に考えられるようにブランチを用いると良いでしょう。

① 問題（現在起きている事象）
② １ナゼ
③ ２ナゼ
④ ３ナゼ
⑤ ４ナゼ
⑥ ５ナゼ

　５ナゼはフレームワークでなく、思考の方法ですが、フレームワークと同様にマインドマップで考えることができるので、ここでご紹介させていただきます。

マインドマップ 18 「A 社の５ナゼ」活用例

　たとえばＡ社の社長が５ナゼを用いて、「毛の混入事故発生」という問題について考えるケースを例にあげて考えてみましょう。

　「問題」のブランチには、今、発生している問題について書きます。この例では、「毛の混入事故発生」が問題のブランチの先に来ます。

　「１ナゼ」のブランチには、毛の混入事故が発生した原因と思われることを書きます。単純に考えると、衛生管理が不十分であったことが原因ですので、まずそれについて「１ナゼ」のブランチに書きます。

　問題の原因を考える思考が浅いと、ここで終わってしまいます。ですが、５ナゼでは、さらにその原因を追及します。では、衛生管理に不備があったのはナゼ？　と考えるのです。その思考内容を「２ナゼ」のブランチに書きます。すると、マネジメントできる人材が育っておらず、何かの際に組織の弱さが露呈してしまう状態になっていることが考えられます。

　「３ナゼ」のブランチでは、さらに「２ナゼ」で考えたことに対してナゼ？　と考えます。

　マネジメントできる人材が育たないのはナゼ？　と考えると、今まで社員に対して、仕事や人をマネジメントする方法を教えていなかったことに

気づきます。たとえば、衛生管理にしても社長が率先して行っており、社員は言われたことをやるのみです。これは衛生管理に限ったことではなく、ほかの管理関係の仕事もそうで、すべて社長がやっていました。

　社長は、人材が育たないから自分がやっているのだと思っていたのですが、そうではなく、方法を教えていない自分の教育方法に問題があったことに気づきます。

　「4ナゼ」のブランチでは、社員に対する教育が不十分になっているのはナゼ？　と考えます。すると、社長は会社を自分で立ち上げ、勘や経験で実行するうちに自然とマネジメント方法を学んできたために、社員も同じように自主的にマネジメントを身につけられると思いこんでいたことに気づきます。

　「5ナゼ」のブランチでは、社員も社長と同様に自主的にマネジメントを身につけられると思っていたのはナゼ？　と考えます。すると、社長は社員の立場になって考えるということをしていなかったことが原因であると気づきます。社員の気持ちや社員の状況が見えておらず、自分とは立場も状況も違うのに、同様に成長できるはずだと思っていたのです。

　5ナゼを繰り返した結果、最終的に、社長は自分の思考方法そのものに問題があったことに気づきます。すると、本質的な課題は自分のリーダーシップスタイルを変えることかもしれないことが見えてきます。

マインドマップ 18 「A社の5ナゼ」活用例

問題
- 事故
  - 混入
  - 空港（毛）
- 1ナゼ
  - 衛生管理 不十分
- 2ナゼ
  - 人材マネジメント力
  - 育ってない
- 3ナゼ
  - 教育 ×
  - 自分 社員
  - 率先 言われたこと
  - やるのみ 方法
  - マネジメント 教えてない
- 4ナゼ
  - 思い込み
  - 社員 自分
  - 同じ 身につく
  - 自然に マネジメント
- 5ナゼ
  - 考え方
  - 立場
  - 自己中心
  - 相手 考えてない

リーダーシップ?

1-5 戦略検討フレームワーク

　自社の課題や解決策を考える際、何を課題として優先すべきか、どの解決策をとるべきか、といったことを考えるのは戦略を検討することそのものであると言えます。
　ここからは、そのような戦略を検討するための考え方についてご紹介いたします。

バリュー・プロポジション

　バリュー・プロポジションは、自社が顧客に提供している価値は、どのような特長を持っているのかを考えるのに用いることができます。戦略を考える際には、自社の強みをどこに置き、何を伸ばすべきかを考えて戦略決定するのに用いると良いでしょう。
　提供価値の特長は、大きく分けて以下の三つのタイプに分けることができます。

① プロダクト・リーダーシップ
② オペレーショナル・エクセレンス
③ カスタマー・インティマシー

マインドマップ 19 「バリュー・プロポジション」
　「プロダクト・リーダーシップ」とは、製品の優位性を意味しています。

第 1 章 ● 戦略立案のフレームワーク

マインドマップ 19 [バリュー・プロポジション]

- プロダクト・リーダーシップ
- オペレーショナル・エクセレンス
- カスタマー・インティマシー

アップルコンピュータのように製品開発力に優れた会社はこのタイプです。顧客は、アップルがスタイリッシュで先進的な製品を次々と打ち出すところに魅力を感じています。もしアップルが製品開発力を落としてしまったら、ファンは逃げてしまうでしょう。このような会社は製品開発力を維持、成長させることを優先して、課題や解決策を検討する必要があります。

「オペレーショナル・エクセレンス」とは、**業務の卓越性**を意味しています。注文した文具を翌日には確実に届けてくれるアスクルは、このタイプです。製品はどこにでも売られているものですが、確実に翌日届けるという業務の卓越性が魅力になっています。このような会社は自社の仕事の仕方に磨きをかけることに重きを置いて、課題や解決策を検討するべきでしょう。

「カスタマー・インティマシー」とは、**顧客との親密な関係**を意味しています。一度宿泊した顧客の情報を細かく記録し、第二の我が家のようにもてなしているリッツカールトンホテルはこのタイプです。リッツカールトンでは、顧客の枕の好みまで記録し、次に泊まるときには、何も言われずとも顧客の好みにあわせたサービスを提供するそうです。顧客はこのホテルは自分のことをよく理解してくれていると感じ、親密感を持つことでリピートします。このような会社はあくまでも顧客との関係を大切にし、それを優先した課題、解決策を検討します。

顧客への価値提供のタイプは以上の三つに分けられますが、はっきりと、このうちのどれかに当てはまるというケースはさほど多くはありません。また、たとえばプロダクト・リーダーシップだからといって顧客との関係を無視しても良いとか、業務の仕方を磨く必要はないということではなく、この三つすべてがある程度のレベルに達している必要があります。

自社はどのタイプで行くべきなのかを検討したいときには、マインドマップを用いて、三つのタイプをそれぞれ価値提供の要素としてメイン・ブランチに置き、それぞれについて自社が行っていることを書いてみると良いでしょう。自社の強みを生かし、さらに競合とは違う点に力を入れて価値提供のタイプを検討すれば、自社ならではの顧客層を獲得できます。

case study 2

　K社は食品機械製造販売を営む50年の歴史を持つ中規模企業である。長い歴史の中で多くの製品を開発し、また、海外から新たな製品を輸入することで、商品ラインナップを広げてきた。

　創立当初は、魚のすり身などの水産加工食品を絞り出し、型に詰める充填機の製造を行い、主に中規模工場に納品していたが、徐々に、切断・粉砕・煮炊きなど、水産加工業に用いられるさまざまな用途の機械の製造にも着手していった。さらには、充填機の設計・製造技術を生かして、他の分野での充填機の製造にも手を広げ、現在は、水産加工食品のみならず、ゼリーや乳製品、お菓子などの食品関係の充填機を幅広く製造・販売している。

　水産加工食品用の機械業界は、古くからこの分野に進出していた三社が大きなシェアを獲得しており、そのうちの一社がこのK社である。業界内の競争はもちろんあるが、その中でもK社は他分野への充填機製造などに着手することで、会社を成長させてきた。

　しかしながら、ここ数年、売上の伸びにも陰りが見え始めている。水産加工食品業界において販売してきた切断機や煮炊き機などの比較的簡単に作れる機械の販売量が低下しており、収益が出なくなっていることが原因である。

　既存顧客との関係を保ち、また新規客を獲得する目的で、食品加工や衛生管理等に関するセミナーを開催し好評を得ているが、予断を許さない状況である。

　また、K社は特注機の受注が多く、設計および製造に時間がかかるという問題も抱えている。50年の歴史を振り返れば、さまざまな設計例があるのだが、これらの設計例をうまく活用しきれておらず、受注のたびに設計をゼロから行うため、納期も決して早いほうではない。

　このような状況の中、K社では今後の自社の革新のために何をすべきか、という話し合いが始められた。

マインドマップ 20 「K社のバリュー・プロポジション」

　「プロダクト・リーダーシップ」のブランチの先には、充填技術などK社が製品開発を行う上で蓄積してきた技術について書かれています。競合M社が新技術を開発してきたことについても書きこまれ、マークで強調されています。「オペレーショナル・エクセレンス」のブランチの先には、設計、調達、部品加工、組立、納品、のようにK社の業務がプロセス別に書かれており、それぞれのやり方について書かれています。

　「カスタマー・インティマシー」のブランチの先には、自社で行っているセミナーやアフターサービス方法、定期訪問など、顧客との関係を保つための活動について書かれています。

　このようにして、自社の価値提供方法について三つの側面から確認し、どの部分を伸ばすべきか、強化すべきかなどを検討します。

アンゾフマトリックス

　アンゾフマトリックスは、「製品―市場成長マトリックス」「成長ベクトル」などとも呼ばれ、自社の事業をどのように成長させていくかを検討するためのツールとして知られています。以下のように市場と製品をそれぞれ既存と新規に分け、自社の成長戦略を「市場浸透」「新製品開発」「新市場開拓」「多角化」の四分類の中から検討します。

		製品	
		既存	新規
市場	既存	市場浸透	新製品開発
	新規	新市場開拓	多角化

第1章●戦略立案のフレームワーク

マインドマップ 20 [K社のバリュー・プロポジション]

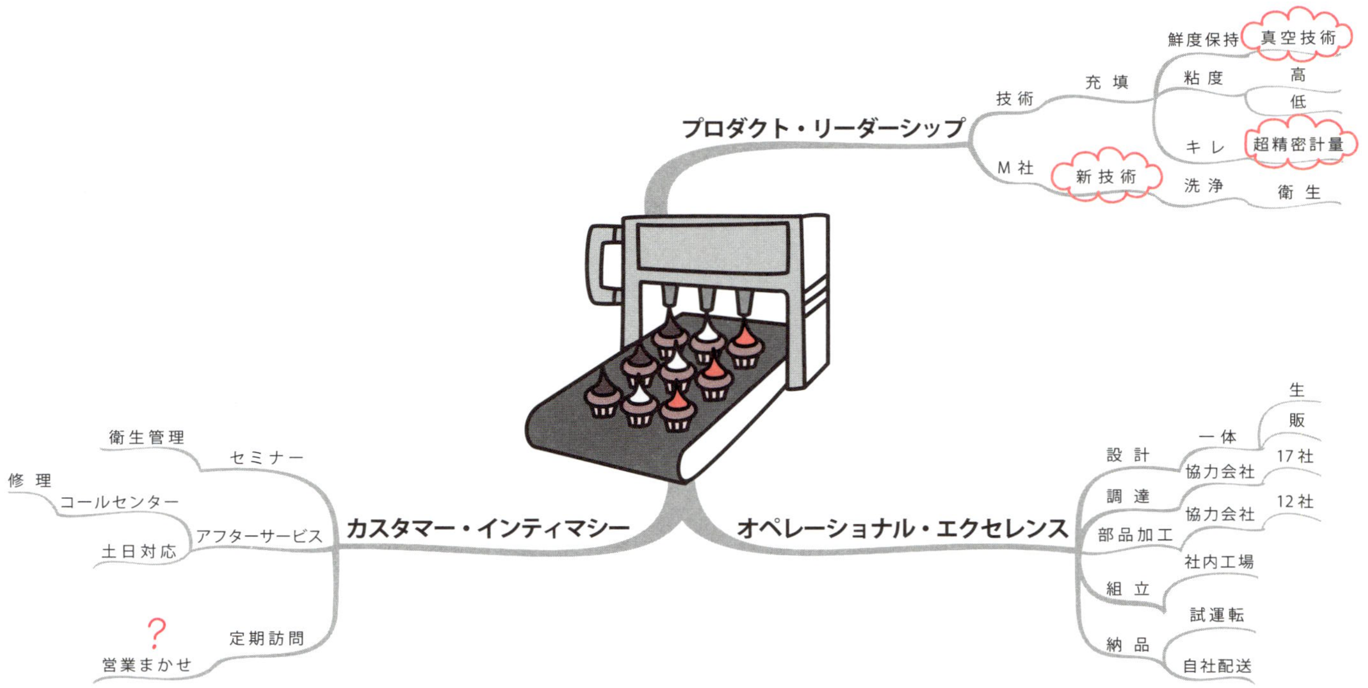

プロダクト・リーダーシップ
- 技術
  - 充填
    - 鮮度保持 — 真空技術
    - 粘度 — 高／低
    - キレ — 超精密計量
    - 洗浄 — 衛生
  - M社
    - 新技術

オペレーショナル・エクセレンス
- 設計 — 一体
- 調達 — 協力会社 17社
- 部品加工 — 協力会社 12社
- 組立 — 社内工場 — 生販
- 納品 — 試運転／自社配送

カスタマー・インティマシー
- 衛生管理
- 修理 — コールセンター
- アフターサービス — 土日対応
- 定期訪問 — ？
- 営業まかせ

マインドマップ 21 「アンゾフマトリックス」

　マインドマップを用いて考える方法はいろいろ考えられますが、四つの戦略をメイン・ブランチにし、それぞれに具体的な製品名やターゲットとする市場を書くことから始めると良いでしょう。

① 市場浸透
② 新製品開発
③ 新市場開拓
④ 多角化

　それぞれのメイン・ブランチからは、「市場」と「製品」の二つのブランチを伸ばします。場合によっては、この二つを一組とするものがいくつかくる場合もあります。

　さきほどのK社で考えてみましょう。

　「市場浸透」のブランチの先の「市場」ブランチには、「水産加工食品業界」が来ます。「製品」ブランチには、充填機を始めとする現在取り扱っている製品を書きます。具体的な製品名をどんどん書きましょう。もし、これを書きながら、既存製品を水産加工食品業界に浸透させるための重要なポイントが分かったら、「市場浸透」のブランチの先に、「ポイント」と書いて、その内容を書き込むといいでしょう。

　「新製品開発」のブランチの先の「市場」ブランチの先は、やはり「水産加工食品業界」です。「製品」ブランチには、新たに水産加工食品業界に向けて開発したり、導入しようとしている製品の名前を書きます。これも同様に、書きながら新製品開発のポイントが分かったら、内容を書き込みます。

　「新市場開拓」のブランチの先の「市場」ブランチの先には、まだ販売できていないけれど、今後販売していきたいと考えている市場について書きます。「製品」ブランチの先には、これらの市場で用いることができる自社の既存製品を書きます。既存製品を新市場に投入するわけですから、も

第 1 章●戦略立案のフレームワーク

マインドマップ 21 ［アンゾフマトリックス］

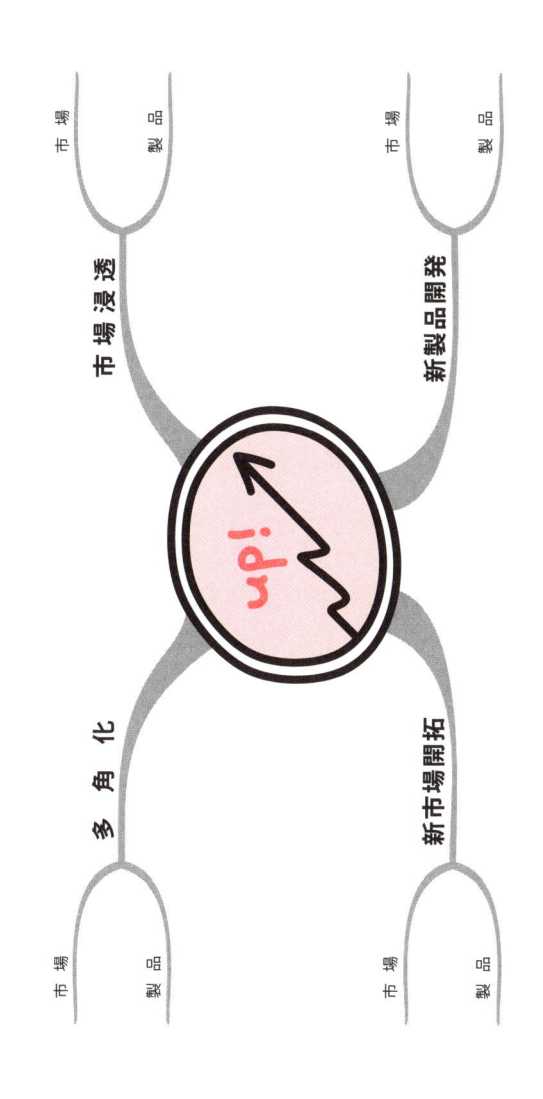

市場浸透 — 市場／製品

新製品開発 — 市場／製品

up!

多角化 — 市場／製品

新市場開拓 — 市場／製品

しかしたら多少、機械の仕様を変更するなどする必要があるかもしれません。このような投入の際のポイントも考えて、書き込みましょう。

「多角化」のブランチの先の「市場」ブランチの先には、現在の事業との相乗効果を上げられる形で、今後進出したい市場を書き込んでいきます。同様に「製品」ブランチにも、現在の事業との相乗効果を考えた上で、考えられる新製品を書き込みます。

多角化の方法はさまざまですが、たとえば、メーカーが原材料生産や卸、小売など現在の事業の調達網や流通網に垂直的に事業を広げる垂直的多角化が考えられます。この方法は、うまくいけば、さまざまなコストを節約し収益性を高めることができますが、現在扱っている製品そのものの需要がなくなると、多角化で広がったすべての事業が打撃を被る可能性があります。K社であれば、自社の機械のパーツを作る部品メーカーや電子機器メーカー、または販売先の水産加工食品業などに多角化していく方法がこれに当たります。

別の多角化の方法としては、水平的多角化があります。これは、現在の機械製造技術を生かして、まったく異なる分野の機械製造業に進出する方法です。この場合には、たとえば設計や製造の技術を他の業界にも生かせるというメリットがありますが、一方で、新たに流通網を開拓する必要があるなど、垂直方向へのシナジー（相乗効果）は発揮しづらく、コストも高まる可能性があります。

「多角化」のブランチを考えるときには、このような方法別のメリット、デメリットも視野に入れ、書きながら検討します。

このようにして四つのブランチをそれぞれ考えたら、自社の成長戦略をどの方向で行うのが良いのかについて、再度考えてみましょう。四つの戦略すべての採用可能性があるとしても、現在の会社の置かれた状況を考えると、優先順位があるはずです。四本のメイン・ブランチに優先順位をナンバリングしてみましょう。

マトリックスで考えるフレームワークをマインドマップで考えるのは一見複雑なようにも思えますが、以上のように使うことで、すべてを一度に

見ながら思考を深めることができます。

　マインドマップを使う方法は、今回ご紹介したものがすべてではありません。メイン・ブランチを別のものに置き換えることもできます。たとえば、「新製品」「既存製品」「新市場」「既存市場」の四つをメイン・ブランチに置く方法も考えられます。

　また、それぞれのメイン・ブランチから伸びるサブ・ブランチは、今回は「市場」「製品」の二つのほかに、「ポイント」を例として上げましたが、本来は自由に使って構いません。ロジックツリーのようにきっちりと階層化するのではなく、それぞれのメイン・ブランチから連想できることをどんどん書いてみましょう。こうしているうちに、新しい市場や新しい製品を思いついたり、新しい結びつきを発見し、ビジネスチャンスに気づくことがあります。

マインドマップ 22 「K社のアンゾフマトリックス」

　「市場浸透」のブランチの先には、「市場」に水産加工食品業界と書かれ、「製品」に充填機、切断機、煮炊機が書かれています。さらに、「ポイント」というブランチがあり、この市場に対しては、衛生管理や素材の変質を防ぐこと、アフターサービスなどが重要なポイントになってくることが書かれています。

　「新製品開発」のブランチの先には、「市場」に水産加工食品業界、「製品」にミキサーと書かれています。水産加工食品の製造工程の中でミキシングが必要なため、ミキサーの製造を考えているのです。ここにも「開発ポイント」のブランチがあります。

　「新市場開拓」「多角化」のブランチも同様に広がり、さらに、四つのメインブランチには優先順位がナンバリングされています。このマインドマップを書いた結果、新製品開発戦略が最も優先度の高い成長戦略であることが見出されました。

マインドマップ 22 「K社のアンゾフマトリックス」

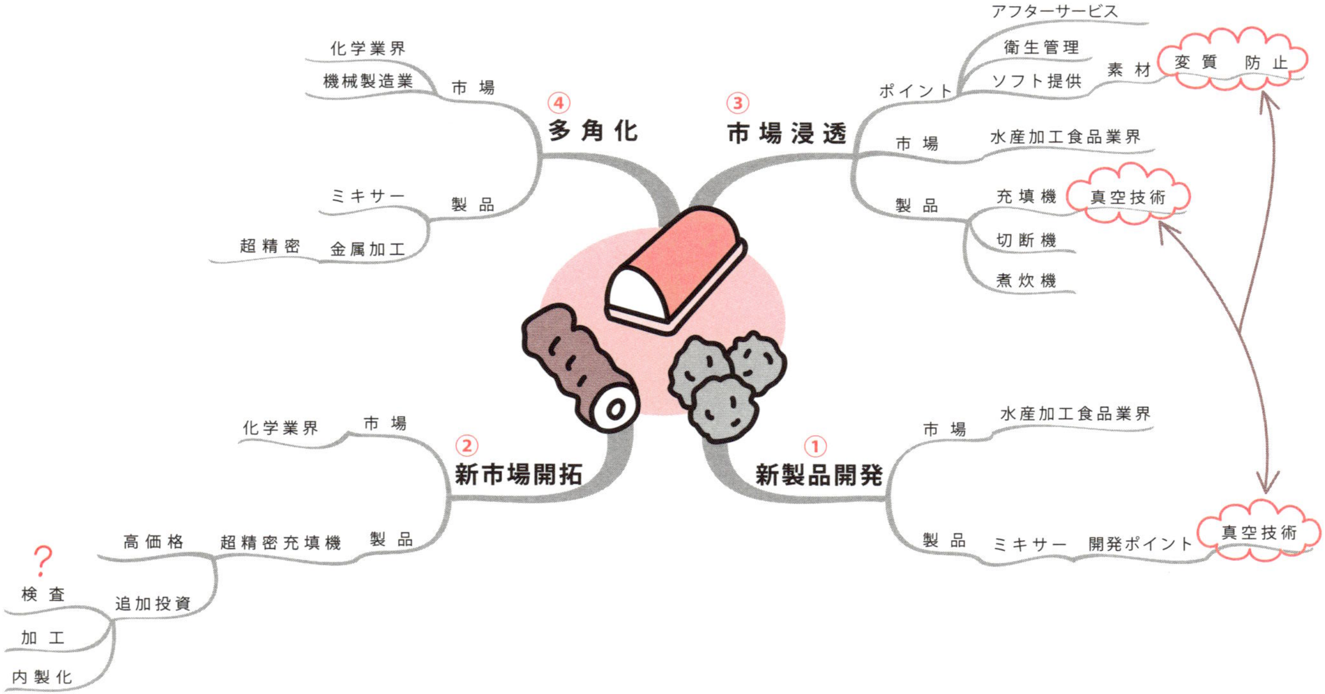

① 新製品開発
- 市場
  - 水産加工食品業界
- 製品
  - ミキサー
- 開発ポイント
  - 真空技術

② 新市場開拓
- 市場
  - 化学業界
- 製品
  - 超精密充填機
- ？
  - 高価格
  - 追加投資
  - 検査
  - 加工
  - 内製化

③ 市場浸透
- ポイント
  - アフターサービス
  - 衛生管理
  - ソフト提供
  - 素材
- 市場
  - 水産加工食品業界
- 製品
  - 充填機
  - 切断機
  - 蒸炊機

④ 多角化
- 市場
  - 化学業界
  - 機械製造業
- 製品
  - ミキサー
  - 金属加工
  - 超精密

（吹き出し）変質防止／真空技術／真空技術

PPM

　PPMとは、プロダクト・ポートフォリオ・マネジメントの略で、ボストンコンサルティンググループが考案したものです。企業の持つ多数の製品や事業に対し、経営資源をどのように配分するかを検討するためのフレームワークです。

　企業が多数の製品や事業を展開している場合、どの製品、事業に力を入れるべきなのか、どの製品、事業から撤退すべきなのか、などを検討するのに用いることができます。

　一般的には、PPMは下記の図のように表されます。横軸には相対的マーケットシェア、縦軸には市場成長率を取り、図のように四つの象限を設け、各製品や事業をこの四象限に振り分けます。

	相対的マーケットシェア 大	相対的マーケットシェア 小
市場成長率 高	花形製品 (star)	問題児 (problem child)
市場成長率 低	金のなる木 (Cash cow)	負け犬 (dogs)

花形製品（Star）

　相対的マーケットシェアが高いので収益が高まります。製品・事業の成長性も期待できますが、成長期の特徴として競合も多く、そのために資金投資もかかります。

金のなる木（Cash cow）

　相対的マーケットシェアが高く収益が高まります。ですが、製品・事業はすでに成熟期に入っていますので、さほどの成長は期待できません。成熟期の特徴として、競合がすでに退出していますので、資金投資があまり

かからず、収穫が望めます。

問題児（Problem child）

相対的マーケットシェアは低いため収益が得られませんが、今後育てれば成長する可能性があります。しかし成長させるためには資金投資が必要です。金のなる木で稼いだ資金をここに投入します。

負け犬（Dogs）

相対的マーケットシェアも低く、今後の成長率も見込めません。利益が出ないために撤退を検討します。

PPMには、「製品ライフサイクル理論」と「経験曲線効果」という二つの前提があります。

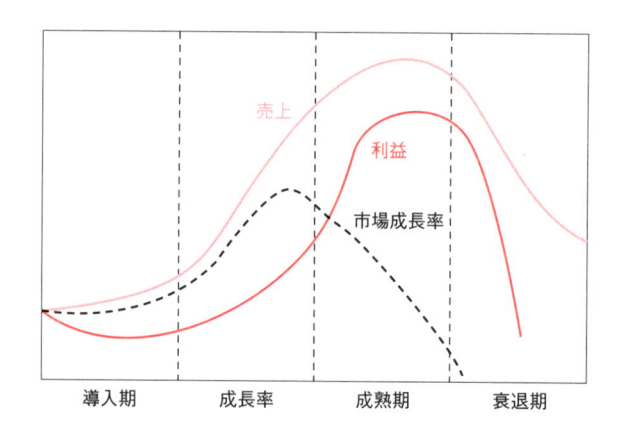

製品ライフサイクルとは、製品が市場に登場してから退場するまでの期間のことを指しており、どのような製品も導入期・成長期・成熟期・衰退期といったライフサイクルの段階をたどるという考え方です。上記は製品ライフサイクルの説明に用いられるグラフですが、横軸は時間、縦軸は売上・利益を表しています。

導入期には市場を作り出さなくてはならないために、広告費等に投資が

必要となります。成長期には利益が獲得できるようになりますが、参入企業が増えてきます。これらの競合と戦うためには投資が必要なため、利益はさほど上がりません。成熟期には、製品が市場に行き渡ったために、今まで買わなかった人たちも買うことで、売上が最大化します。投資もすでに終わっているので、利益も最大化します。衰退期には、革新による次世代製品の出現で徐々に売上が減少し、利益もほとんど出なくなってきます。

PPMの表の縦軸である市場成長率は、このライフサイクル理論を前提にしています。

経験曲線効果というのは、ある製品の累積生産量が増えると、生産コストが低減するという考え方です。これは、生産が頻繁に行われることで経験による学習が進み、仕事を効率的にこなせるようになるためにコスト低減に繋がるというものです。

PPMの表の横軸である相対的マーケットシェアは経験曲線効果と結びつけて考えます。相対的マーケットシェアが高いということは生産量が多いということですから、経験曲線効果により生産コストが低減され、資金の流出が減少し、儲かる製品になります。反対に相対的マーケットシェアが低いということは生産量が少なく、コストの低減は見込まれないために資金流出が多く、儲からない製品になります。

マインドマップ 23 「PPM」

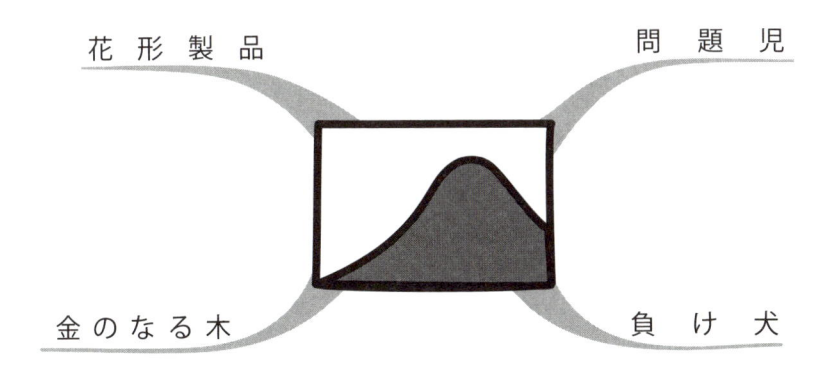

花形製品　　　　　　　　　問題児

金のなる木　　　　　　　　負け犬

マインドマップでPPMを検討するならば、四つの象限をメイン・ブランチに置くと良いでしょう。

① 花形製品
② 金のなる木
③ 問題児
④ 負け犬

自社の製品をそれぞれのメイン・ブランチの先に振り分けていくだけで構いません。この方法はPPMの表の中に振り分けるのとあまり変わりませんが、マインドマップではブランチをさらに広げられるので、単に表の中に書き込むよりも思考を広げることができるはずです。

たとえば、問題児のブランチの先に振り分けた製品ならば、これからどうやって育てていくのかをその先のブランチに書き込むことができます。また、負け犬のブランチの先に振り分けた製品であれば、撤退の時期などをその先のブランチに書き込むと良いでしょう。

このように、自社の製品群のポートフォリオ（組み合わせ）を検討するのに有効なPPMですが、この考え方には問題もあることが指摘されています。たとえば、PPMでは負け犬であると分類された製品が、他の製品の販売を助けることになっているといったこともあります。事業や製品のポートフォリオは相乗効果を考えて組み合わせなくてはなりませんが、PPMではこの考え方が省かれてしまいます。ですので、実際に使うときには、このような問題点があることも知っておいて、マインドマップで全体を眺めながら、バランスを考えてポートフォリオを検討すると良いでしょう。

マインドマップ 24 「K社のPPM」

「金のなる木」のブランチには、水産加工食品用充填機が書かれています。すでに開発や生産投資も終わっており、ある程度の収益を獲得することの

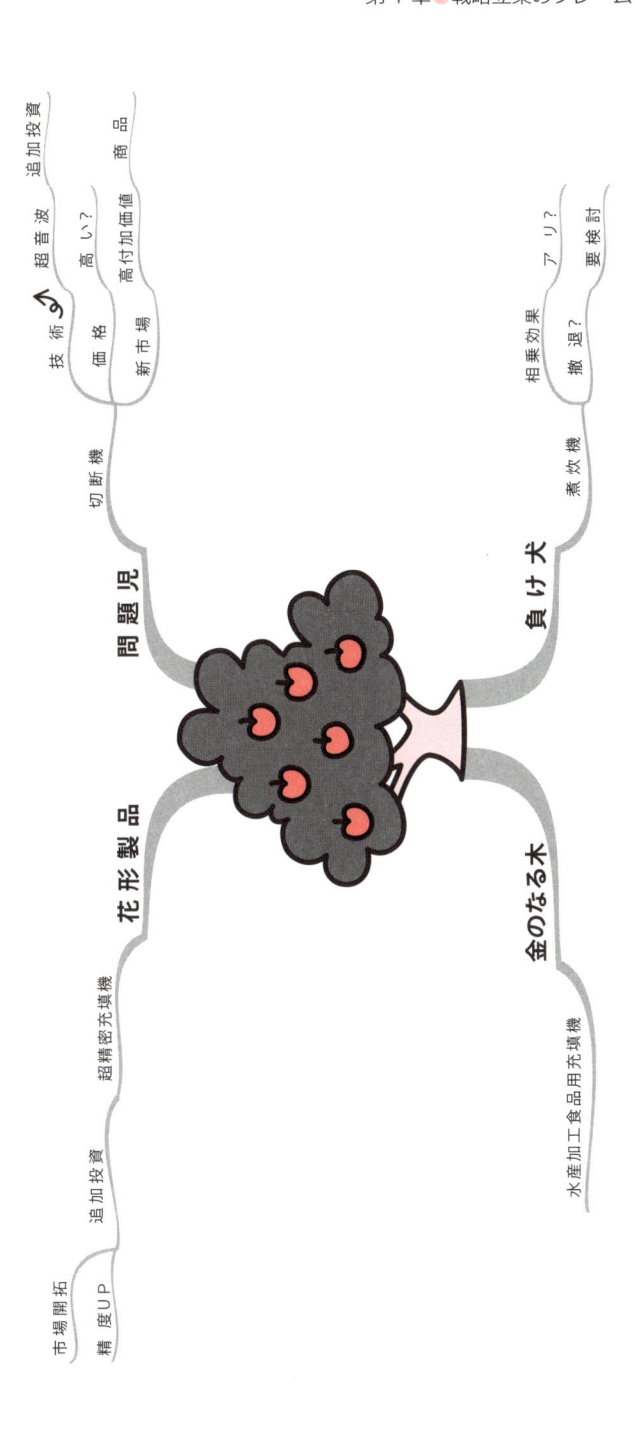

第 1 章 ● 戦略立案のフレームワーク

マインドマップ 24 「K 社の PPM」

- 花形製品
  - 超精密充填機
    - 追加投資
      - 市場開拓
      - 精度UP
- 問題児
  - 切断機
    - 技術 → 超音波
    - 価格 → 高い?
    - 新市場 → 高付加価値商品 → 追加投資
- 負け犬
  - 煮炊機
    - 相乗効果 → アリ?
    - 撤退? → 要検討
- 金のなる木
  - 水産加工食品用充填機

できる製品です。

「問題児」のブランチには、水産加工食品業向けに製造を始めた切断機が書かれています。超音波を用いて美しいカット面を作る技術を打ち出しているのですが、価格の問題もあり、まだ市場に浸透していきません。ですが、高付加価値製品を作ろうとする企業には今後、受け入れられていくだろうと考えています。ただし、超音波技術も完成しているとは言えず、さらなる改良が必要で、追加投資が見込まれています。

「負け犬」のブランチには、煮炊き機が書き込まれています。すでに成熟化した製品で、技術的にも製造がやさしい製品であるため、最近では食品メーカーが過去に購買した機械を業者に分解させて製造技術を把握させ、模倣品を独自に製造するといったケースが増えており、利益がまったく出ません。ですが、水産加工食品業界の顧客に他の製品を販売する際には、煮炊き機の注文を受けることもあるため、相乗効果を考えると、撤退は適切ではないかもしれません。

「花形製品」には、新たに化学業界に販売し始めた超精密充填機があります。非常に精度の高い充填を行えるために価格も高く販売できますが、市場の開拓や製品精度の向上のために追加投資がかかっています。

ポーターの競争戦略

バリューチェーンと5Forces分析を考えたマイケル・ポーターの理論の中核となっているのは、競争戦略です。バリューチェーンや5Forcesは、この競争戦略を検討するための前提として用います。

ポーターは企業の競争戦略のタイプを「コストリーダーシップ戦略」「差別化戦略」「集中戦略」の三つに分けました。

コストリーダーシップ戦略とは、大量生産の強みを生かして生産コストを下げ、獲得する利益を増やす戦略です。この戦略を取る企業は、他社よりも多くの利益を獲得できますので、得た利益を追加投資することで低コストを推し進めれば、さらなる強さを獲得することができます。

差別化戦略とは、他社製品との差別化を図ることで製品価格を高くし、利益を獲得していく戦略です。

集中戦略とは、特定の市場にターゲットを絞ったり、特定の製品に事業を絞り、経営資源を集中させることで、その市場や製品に関する強みを社内に蓄積し、有利な条件を創出して、利益を得る戦略です。

たとえば、ハンバーガーチェーンのマクドナルドは全国展開し、この業界における店の数では圧倒的です。バンズやパテなどの原材料の購買においても、数の多さでコストダウンを図ることができます。また、チェーン展開の強みで、ノウハウの蓄積により出店コストを下げたり、一店舗あたりの広告費を下げることができます。つまり、マクドナルドはファストフード業界ではコストリーダーシップ戦略を取ることができます。

一方、モスバーガーは店舗数ではマクドナルドにかないませんが、商品のユニーク性でファンを獲得しています。マクドナルドにはなかった日本人好みのテリヤキ風味のハンバーガーや、お米を使ったハンバーガーを開発したり、目の前でパテを焼いて出すなど、味の違いを武器にして顧客を獲得します。価格はマクドナルドより高くなりますが、それでも喜んでモスバーガーを選ぶ顧客がいます。これは典型的な差別化戦略です。

関東と近畿の都市部を中心に展開するファーストキッチンは、集中戦略です。出店地区を絞り経営資源を集中させるだけでなく、ヒット商品「ベーコンエッグバーガー」に長年自社イメージを集中させて、自社の強みを徹底的に打ち出しています。

三つの競争戦略を良く考えると、競争の範囲と競争優位のタイプの二軸を使って、次ページの図のように考えることができます。

5Forces分析で、自社を取り巻く競争要因を確認し、業界の構造を把握したら、これらの競争要因に対して最も適切に対応しうる戦略を検討します。バリューチェーンで確認した自社の価値創造のプロセスも合わせて考えながら検討すると良いでしょう。

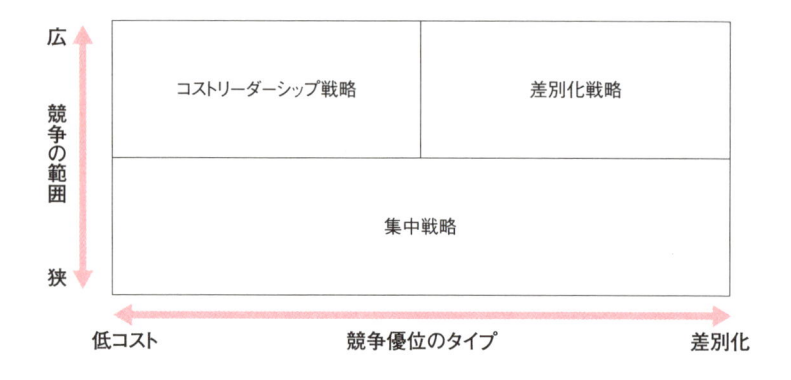

	低コスト	差別化
広 ↕ 競争の範囲	コストリーダーシップ戦略	差別化戦略
↕ 狭	集中戦略	

競争優位のタイプ

マインドマップ 25 「競争戦略」

コストリーダーシップ

集中

差別化

　マインドマップで考える際には、5Forces分析やバリューチェーンのマインドマップを見ながら、下記の三象限をメイン・ブランチにおいたマインドマップを作り、思い浮かぶことを書いていくようにすると良いでしょう。

① コストリーダーシップ
② 差別化
③ 集中

コストリーダーシップで行くならば、こんなことができるな、差別化ならこんなことができる、といった具合に思考を広げるのに用いてみましょう。5Forces やバリューチェーンを考えた際に、すでに戦略の方向性が決まっているかもしれませんが、マインドマップに書き出してみることで、さらに思考を深め、自社の方向性をはっきりと考えることができるようになるでしょう。

競争戦略を考えるときには、いずれの戦略にもリスクが伴うことを考慮しておくようにしましょう。

たとえば、コストリーダーシップ戦略であれば、コスト低減にばかり力をいれるあまり、市場の変化を読み違え、取り返しのつかないことになるというケースがあります。アメリカの自動車メーカー、フォードの失敗がこれであったと、ポーターは自書の中で述べています。フォードは、T型フォードの生産コストを下げるために徹底的にオートメーション化を進めましたが、市場に自動車が行き渡ると、もっと違った車に乗りたいというニーズが現れました。フォードはこれに気づかず、T型フォードの生産設備に投資し続けたため、GM が多種多様な車種を販売し始めたときも、自社の生産設備を柔軟に活用して市場のニーズに対応することができませんでした。コストリーダーシップ戦略のリスクの罠に、まさしくはまってしまったのです。

差別化戦略のリスクは、差別化の程度に対して低コスト企業との価格の差が開きすぎるために、顧客が離れてしまうというものです。そんなに高いならいいや、ということです。また、他社が同様の製品を開発したために、差別化と認められなくなるということもあるでしょう。

集中戦略のリスクは、集中した市場が縮小してしまい、自社を支えられるだけの売上規模を確保できないというものです。

これらのリスクも考慮しながら、自社が五つの競争要因から自社を防衛し、攻勢をしかけていくのに適切な競争戦略を考えていきます。

マインドマップ 26 「K社の競争戦略」

「コストリーダーシップ」のブランチの先には、水産加工食品業界、充填機と書かれ、この分野で充填機のシェアをさらに伸ばせば、コスト面で他社に勝つことができることが書かれています。しかし、生産設備への追加投資がかなりの額になることも書かれています。

「差別化」のブランチの先には、高精度充填技術について書かれています。高精度を差別化要因にすると、どのような可能性があるかについて検討されています。

「集中」のブランチの先には、「水産加工市場？」「化学市場？」と書かれ、もし、市場を選択し、どこかに経営資源を集中させるとしたら、どうなるだろうかということが検討されています。

コトラーの競争地位別戦略

現代マーケティングの第一人者として知られるフィリップ・コトラーは、競争地位別に戦略があるという理論を考えました。**市場におけるシェア順位によって、競争戦略を方向づける**という考え方です。競争地位は以下の四つに分けられます。

---

① リーダー：業界シェアトップ企業
② チャレンジャー：業界２番手企業
③ フォロワー：業界３番手以下の企業
④ ニッチャー：業界シェアは小さいけれど、市場を絞ることで強みを発揮する企業

自社の置かれている業界に存在する主要な企業を、この四つの競争地位別に分類してみると良いでしょう。自社がどの競争地位にいるかを見出して、取るべき戦略を検討するのに活用できます。

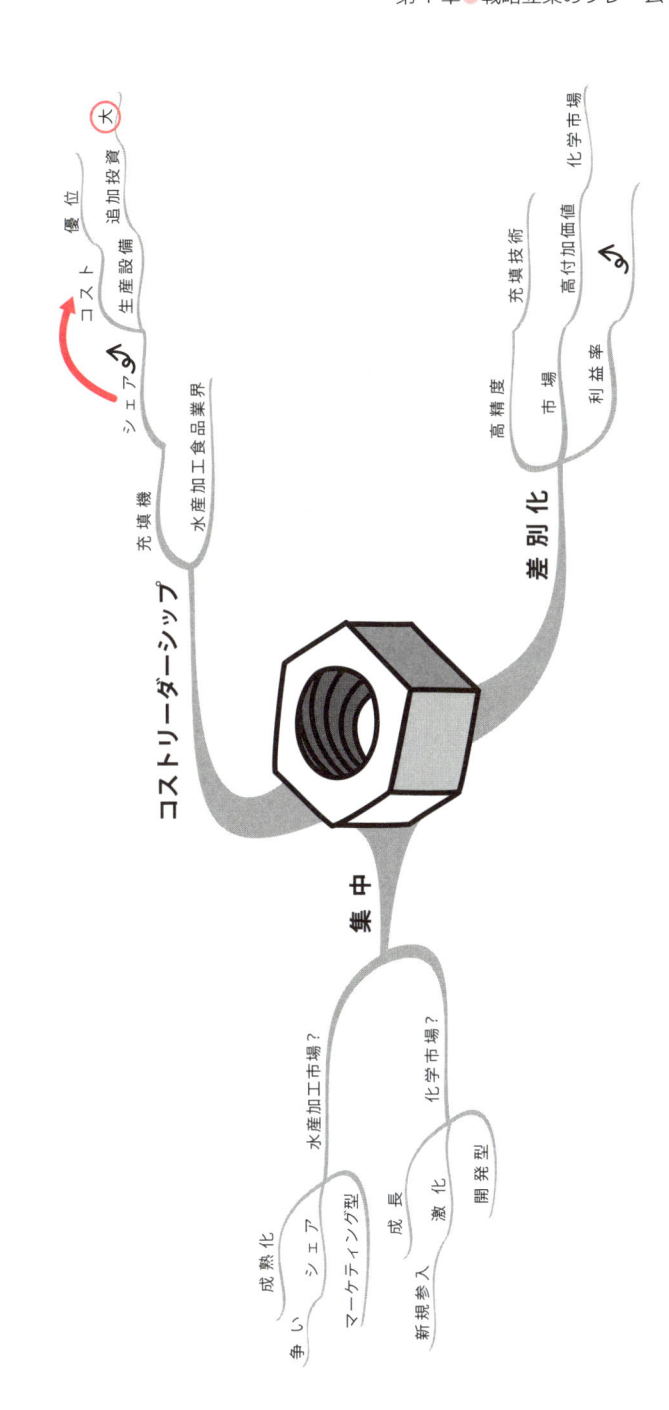

マインドマップ 26 「K社の競争戦略」

第1章●戦略立案のフレームワーク

コストリーダーシップ
- 充填機
  - 水産加工食品業界
    - シェア
      - コスト → 優位
      - 生産設備 → 追加投資（大）

差別化
- 充填技術
  - 高精度
  - 市場
  - 高付加価値 → 利益率
  - 化学市場

集中
- 水産加工市場？
  - 成熟化
    - 争い
    - シェア
    - マーケティング型
- 化学市場？
  - 成長
    - 激化
    - 新規参入
    - 開発型

マインドマップ 27 「競争地位別戦略」

ニッチャー　　　　リーダー

フォロワー　　　　チャレンジャー

　マインドマップに四つの競争地位をメイン・ブランチとして書き、その先に自社の業界に存在する企業の名前を書いていきましょう。

　それぞれの競争地位において取るべき戦略は以下のようなものになります。マインドマップで自社の競争地位を確認したら、以下の戦略を参考にして、何ができるか考えてみましょう。

リーダー

　業界でシェアが最も多いリーダーは、現在のシェアを維持しながら最大利潤を獲得することが目標になります。この場合の基本戦略は市場すべてをターゲットとして対応するという全方位型戦略です。市場規模そのものを拡大させて新規需要を獲得したり、価格競争を避けて利潤縮小のリスクを防ぎます。また、製品の同質化を図り、差別化する企業に対して防衛します。

チャレンジャー

　チャレンジャーはリーダーとの差別化を図ることで、シェアを拡大し、リーダーに追いつくことを目標にします。経営資源面ではリーダーに及ばないため、ターゲットも多少絞らざるを得ない場合が多くなります。

フォロワー

　フォロワーはリーダーになるほどの経営資源を持ち合わせていないので、着実に利益を上げる戦略を取ります。リーダー企業の模倣をするなどして、開発コストを抑えます。また、低価格指向の顧客を対象にして、どうにか利益を獲得します。

　しかし、フォロワーは利益が獲得しにくく、戦略的には良い立場とは言えません。フォロワーを続けていると、いずれは市場を退出しなくてはならなくなる可能性が高くなります。ですので、チャレンジャーの地位を目指す、または、ニッチャーの地位に転身するなどが必要となります。

ニッチャー

　ニッチャーは、ある特定の市場のみを対象として、その範囲での高収益を目指します。この場合の戦略は、その市場内に特定したリーダーの戦略と同じになります。

マインドマップ 28 「K社の競争地位別戦略」

　K社が最も力を入れている水産加工食品用機械業界についての競争地位を考えたマインドマップです。

　四つの競争地位がメイン・ブランチに設定され、それぞれのブランチの先に業界内の企業名が書かれ、さらに企業名の先には、その会社の特徴や強みなどが書かれています。

　K社は業界内ではチャレンジャーの位置づけです。チャレンジャーの戦略定石は差別化ですから、「わが社」のブランチの先に「差別化」と書かれ、どこで差別化していくかについて検討されています。またリーダー企業であるM社のシェアに追いつき、追い越すためには、顧客との密接な関係が重要であり、引き続きセミナー開催や入念なアフターフォローに力を入れるべきことがマインドマップの中で強調されています。

マインドマップ 28「K社の競争地位別戦略」

- リーダー
  - M社
    - シェア — 大
    - 総合力 — 製品群 充実 / ハード
    - アフターサービス — 弱
- チャレンジャー
  - わが社 差別化
    - アフターサービス — 修理対応 / 24時間 体制 不足
    - 総合提案力 — 製品群 / ハード / ソフト / セミナー 多彩
    - カスタマーインティマシー — 担当制 / 営業 / アフター / 相談 / 情報提供
- ニッチャー
  - O社
    - 企業規模 — 小
    - 専門 — ミキサー — 買収？
- フォロワー
  - T社
    - 安い — リバースエンジニアリング ◎
    - 開発力 — 弱

VRIO

VRIOフレームワークは、「リソース・ベースド・ビュー (RBV)」を提唱するバーニーが考えたもので、以下の四つの観点で企業の強みと弱みを分析するものです。

① value（経済価値）
② rarity（稀少性）
③ inimtability（模倣困難性）
④ organization（組織）

マインドマップ 29 「VRIO」

リソース・ベースド・ビューの考え方は、ポーターの競争戦略の考え方とは対極にあると考えられます。

ポーターが自社を取り巻く競争環境に着目して戦略を考えたのに対し、リソース・ベースド・ビューでは、自社の持つ経営資源や組織能力に注目し、それらが強みであるのか、その強みは一時的なものなのか持続的なものなのか、といったことを検討することから戦略を考えます。自社の持つ経営資源や組織能力の一つひとつが、競争優位性を持つかどうかを分析す

るのに用いるのが VRIO フレームワークです。

　VRIO では、その経営資源や組織能力が競争優位性を持つかどうかを検討するのに、四つの視点を順に確認していきます。

value（経済価値）

　その経営資源や組織能力は、その企業が脅威や機会に適応して経済価値を生むことを可能にするか、について確認します。

　たとえば K 社であれば、水産加工食品業界における充填機の開発ノウハウや製造経験は、K 社が水産加工食品業界で売上を上げ、さらには化学業界に進出することを可能にしました。ですので、これらの開発ノウハウや製造経験は経済価値があると考えられます。

　その経営資源や組織能力に経済価値がない場合には、それは弱みになります。たとえば、過去の成功体験が環境変化への適応力を弱めているというケースや、過去に積み上げたものが時代の変化によりまったく役に立たなくなったケースなどでは、これらの成功体験や過去の蓄積は弱みになります。

　たとえば、IBM のメインフレームコンピュータは、かつては売れ、IBM はその事業に関するさまざまな経営資源と経験をもっていました。しかし、パソコンの性能が向上したために、これらの経営資源や組織能力は経済価値を失ってしまいました。

rarity（稀少性）

　その経営資源や組織能力を現在持つことができるのは、少数の競合企業であるか、について確認します。つまり、経営資源や組織能力の稀少性を検討しています。

　経営資源や組織能力に稀少性がなければ、他社と同じような価値提供をできるというだけになり、これらの経営資源や組織能力は、単に他社との競争均衡をもたらすのみになります。一方、稀少性があれば、強みになり、競争優位をもたらします。

K社の水産加工食品業界における充填機の開発ノウハウや製造経験はどうでしょうか。この業界においてシェアを獲得しているのは、古くからこの業界に参入しているK社を含める三社です。K社以外の競合二社が同じような開発ノウハウや製造経験を有しているとすれば、これは稀少とは言えません。ですが、K社は特注機の受注が多いため、さまざまな特注機の設計例を有しています。競合二社が特注機の受注が多くないのであれば、特注機の設計、製造によって蓄積したノウハウは稀少なものと言えるでしょう。K社はもしかすると、これらの特注機設計例をうまく活用すれば、競争優位を築けるかもしれません。

inimitability（模倣困難性）

　その経営資源や組織能力を保有していない企業は、それらを獲得するためにコスト上不利であるかどうか、について確認します。つまり、その経営資源や組織能力は他社も手に入れ、模倣することが可能なのかどうかを確認しています。

　経営資源には、複製できるものと複製できないものがあります。

　新たな技術などは開発までに時間とコストがかかります。しかし、できあがっている機械を分解して作り方を解明するリバースエンジニアリングを活用すれば、その技術は簡単に複製できてしまうかもしれません。この場合には、その技術を複製するのには時間もかからず、ゼロから開発するよりコストもかけずに行えてしまいます。ですので、このような技術は模倣困難な経営資源ではありません。

　一方、複製はできるけれども、そのためには最初にその経営資源を持った企業に比べて、多大なコスト上の不利が生じるという場合もあります。

　第二次世界大戦時、アメリカ政府は世界中に軍事基地を作るために、建設用機器メーカーを一社選定しました。この時選定されたのが、キャタピラー社です。キャタピラー社は、アメリカ政府の多大な援助を得て、世界中にグローバルサービス・供給網を構築しました。

　他の競合が同様のグローバルサービス・供給網を構築しようと思った

ら、多大なコストが必要です。政府の援助を得られる機会はこのときのみのものであり、同じようなチャンスは二度とめぐっては来ないでしょう。つまり、キャタピラー社のグローバルサービス・供給網は歴史の偶然の中で生み出された得難いものであり、模倣困難性の高い経営資源であると言えるでしょう。

また、経営資源の中にはなかなか複製できないものがあります。それは、複製しようにも何を複製すれば競争力に繋がっているのかがよく分からないというようなケースや、社内のコミュニケーション状態や企業文化などが競争力になっていて、自然発生的に醸成された複雑な現象であるため、模倣するのが困難であるというケースです。

K社の特注機設計例の多さは、情報インフラを整えて過去の設計例を社内で共有することで、短納期やコストダウンに結びつけることができれば、模倣困難性が高い経営資源になると考えられます。何十年間にもわたってK社が受注してきたものと同様の受注を他社が受けることは難しく、たとえ情報インフラを整えて設計例を社内で共有するシステムを他社が構築したとしても、ノウハウとして同様のものを持つことは難しいからです。

organization（組織）

その企業が保有する経済価値があり稀少で模倣困難な経営資源を、活用するための組織が作られているか、を確認します。

具体的には、命令・報告系統、マネジメントシステム、報酬体系などがどのようになっているかを考えます。

これらの組織体制が出来ていない場合、せっかく経済価値があり稀少で模倣困難な経営資源を有していても、それを生かすことができません。バーニーは『企業戦略論』の中でゼロックスの例を上げています。

ゼロックスは1960年代から1970年代、研究開発投資を行い、革新的技術を次々に生み出しました。これらは経済価値があり稀少であり、一定期間は模倣困難でもあったので、ゼロックスがこれらの技術を製品化していれば、先行者優位を獲得できたはずでした。しかし、当時のゼロックスで

は非常に官僚的な製品開発プロセスが採用されており、これらの開発技術には監視、評価が繰り返され、せっかくの技術が吸い上げられる前に潰されていったのです。また、マネジャーの報酬体系も短期的な業績によって決められていたため、リスクをとって新製品を市場に投入しようという動きが現れなかったのです。

マインドマップでVRIOを考えるのであれば、まず「経済価値」のブランチの先に、経済価値があると思われる経営資源や組織能力を書いてみましょう。それらの経営資源や組織能力の先には、なぜ経済価値があるのかについて考えられることを書くと良いでしょう。

次に「経済価値」のブランチの先に書くことができたもののうち、稀少性があるものを「稀少性」のブランチの先に書いていくようにします。なぜ、稀少なのかについて、その先のブランチに書いておくと良いでしょう。

次に「稀少性」のブランチの先に書いたもののうちから、模倣困難だと思うものを「模倣困難性」のブランチの先に書いていきます。この時点で、もし書けるものがないとしたら、再度、「経済価値」のブランチから考えなおします。他にも経済価値のある経営資源はないか考えます。

このようにして経済価値があり、稀少で模倣困難な経営資源が見つかったら、「組織」のブランチを使って、どのような組織であれば、これらの経営資源を活用できるかを考えます。「命令・報告系統」「マネジメントシステム」「報酬体系」をサブ・ブランチに置いて、それぞれについて検討しても良いでしょう。

VRIOでは、このようにして、自社が持続的に競争優位を獲得できる経営資源を見出し、それを活用する方法を考えることで、戦略を検討します。

マインドマップ 30 「K社のVRIO」

「経済価値」のブランチには、K社の経営資源のうち経済価値のあるものがいくつも書かれています。「稀少性」のブランチには、そのうち稀少であるものとして「特注機設計例」が書かれています。「模倣困難性」のブ

ランチにも「特注機設計例」が書かれ、これを情報共有することで短納期を実現し、コストダウンする方法について書かれ、ここでK社の戦略が検討されています。「組織」のブランチには、K社が自社の持つ特注機設計例という経営資源を生かすために、どのような組織体制にすべきかについて検討されています。

第1章 戦略立案のフレームワーク

マインドマップ 30 「K社のVRIO」

経済価値
- 切断技術
- 充填技術
- 超音波
- 水産加工 — 高付加価値 — 製品
- 化学 — 高精度
- 設計
  - 特注機 — 例 — 多
  - リードタイム — 短縮

稀少性
- 歴史 — 蓄積 — 500件以上
- M社 — 標準仕様
- 切断技術 — パテント — 模倣可能？ — 類似技術
- 超音波
  - 特注機設計例

組織
- 共有化 — 報告
- 重視 — 部門横断 — 命令報告系統
- コミュニケーション マネジメントシステム
- インフラ整備 — 支援部門 — 報酬体系
- 貢献度 — 開発
- 情意考課 — 製販交流
- 発表会 — 公式
- プロジェクト — 非公式
- 会議
- 研究会
- 勉強会

模倣困難性
- 情報共有
  - 特注機設計例
- 短納期
- コスト
- ネットワーク — インフラ
- 統一 — 部品 — MRP
- CAD
- 会計システム
- ERP

1-6 この章のおわりに

　ここまで戦略立案に用いるフレームワークをご紹介してきました。戦略の考え方には他にもいろいろなものがありますが、今回は、マインドマップを使って考えやすいものの解説のみに絞ってあります。ですので、もっと学んでみたいと思われましたら、他の書籍を読むなどして、これ以外のフレームワークや思考方法を学び、さらに思考の幅を広げてください。

　参考までに、今回は解説していないけれど、知っておくとよいフレームワークや考え方を簡単にご紹介しておきたいと思います。

GE グリッド

　PPMの問題点を改良してより詳細な分析をする方法として、GEがコンサルティング会社のマッキンゼーとともに作った事業評価のためのマトリックスです。PPMが4象限で事業を考えるのに対し、GEグリッドは9象限で考えます。

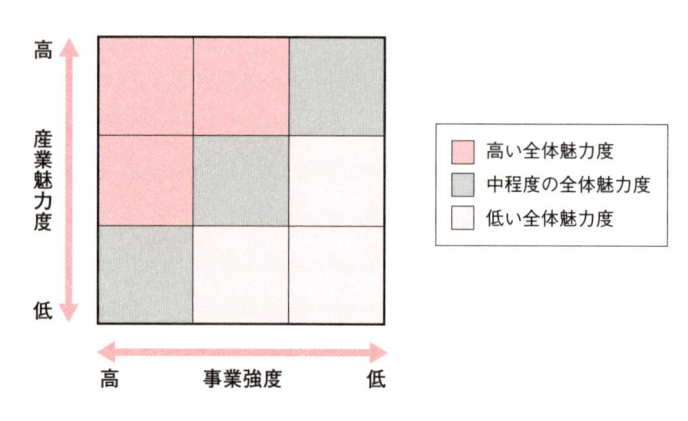

GEグリッドは縦軸を市場成長率の代わりに「産業の魅力度」、横軸を相対的マーケットシェアの代わりに「事業の強度」に置き、高いか低いかの2分法ではなく、中程度を取り入れた3分法で分類しています。

　GEグリッドとPPMの違いは縦軸と横軸を複合的な指標にし、経営資源配分を検討している点です。たとえば縦軸であれば、PPMは市場成長率だけを見ているので、市場の成長速度以上に供給の伸びが多くなった場合にも、市場成長率は高いので資源配分をするという選択になります。ですがGEグリッドでは、市場成長率のほかの要素も合わせて産業の魅力度という指標を用います。市場の成長速度以上に供給の伸びが多くなっているような場合には、その産業の魅力度は中程度または低いと判断することになります。

創発戦略

　あらかじめ検討し計画する戦略立案ではなく、現場で個々人が日々の仕事をしながら試行錯誤の中で成功のパターンを発見していくという戦略形成の方法です。立案された戦略が必ずしもうまくいかず、現場の創意工夫から出る思わぬ活動が成功を生むことを捉えて、このような戦略形成のことをミンツバーグは「創発戦略」と呼びました。

　ホンダがアメリカ進出を図った際、社員が自分たちの移動用に使っていた小型バイクを町中で乗り回していたことが功を奏して、ホンダのバイクは爆発的ヒットとなりました。彼らは初めから意図していたわけではなく、たまたま必要に迫られて自社製品を乗り回していたところ、市場の反応をつかむことができたのです。これは創発戦略の好例として取り上げられています。

　創発戦略は、立案したり計画するものではなく、自然発生的なものです。ですので、アイディアが湧きやすくなったり、創意工夫が行われやすくなるように組織の状態をマネジメントすることがポイントになってきます。創発戦略を考える際には組織論を合わせて考える必要が出てきます。

コアコンピタンス理論

　コアコンピタンスとは、プラハードとハメルが主に日本企業の研究に基づき提唱した考え方で、企業の持つ他社が真似できない中核的能力を表す概念です。プラハードとハメルは以下の三つの条件を満たすものをコアコンピタンスとして定義しています（ゲイリー・ハメル＆Ｃ・Ｋ・プラハード『コアコンピタンス経営』）。

> ① 幅広い製品やサービス全体の競争力に貢献する。
> ② 顧客の価値を他の何よりも高める。
> ③ 他の競争相手に比べて数段優れているユニークな競争能力である。

　コアコンピタンスの例としては、ホンダのエンジン技術、ソニーの小型化技術などが挙げられます。
　コアコンピタンスを戦略に活用することを考えるのならば、長期的に自社の中に模倣困難なノウハウや組織能力を蓄積する必要があり、この考え方はバーニーのリソースベースドビューへも繋がっていきます。

　ここまで紹介してきたさまざまなフレームワークや考え方を活用して、最終的には1-1の「戦略立案基本フレームワーク」が深まってきます。ビジョン・現状・課題・解決策が明確になり、行うべきことの順番が明確になれば、あとは戦略をさらに具体化して実行することになります。これについては第2章で考えていきたいと思います。
　戦略を考えることは、さまざまな選択肢を考え、その中からおそらく正しいと思われるものを一つ選ぶことでもあります。
　自分の考えの幅を広げ、多くの選択肢を考えるためにフレームワークとマインドマップを活用してください。ですが、フレームワークもマインドマップもツールの一つでしかないことを知っておいてください。あなたの

頭を使って深く考えることが重要であり、ツールを使えばすべてが解決するわけではありません。

　大切なことは、自分の思考の幅を広げ選択肢をなるべく多く持つこと、自分の頭で仮説を組み上げ、根拠と勇気に基づいて選択肢のうちの一つを選択することです。ここを押さえた上で、フレームワークとマインドマップを活用すれば、あなたの戦略思考は大いに高まるはずです。

第2章
戦略展開と実行のフレームワーク

第1章では、戦略を立案するために用いるさまざまなフレームワークを見てきました。

　戦略は最終的に課題と解決策の集まりとして、なんらかの計画にまとめられるケースが多いと思いますが、この計画を企業の中で実行し、実際に戦略展開するためにはどうしたら良いのでしょうか。また、計画そのものを実行しやすいものとして作成にするには、どうしたら良いのでしょうか。

　第2章では、立案された戦略を実行し、全社に展開するためのフレームワークをご紹介していきます。

　戦略を展開するためには、経営トップはもちろん、経営幹部や部長・課長などのマネジャー層がリーダーシップを発揮して、部下に戦略を理解させるとともに共感を得て、協力を得るようにしなくてはなりません。また、こうしようと考えた戦略がしっかり実行されたか、実行段階において何か問題が発生していないかなどを確認したり、戦略そのものや戦略の前提となった物の考え方を修正することも必要になってきます。また、企業の中で自然発生的に良いアイディアが湧いたり、日々の創意工夫が起きやすくなるように、組織をどうマネジメントするかということも考える必要があります。

　戦略の展開のために考えるべきことは多岐に渡りますが、そのうちの基本的な部分をマインドマップを用いて考える方法について、解説していきたいと思います。

2-1 戦略を具体化するためのフレームワーク

　自社の重要な課題と解決策の方向性が明確になったら、それを全社のさまざまな仕事に具体的にあてはめて考えるという作業が必要になります。

　この考え方はマトリックスで考えると理解しやすくなります。重要課題と解決策の方向性が横軸に来るとすると、縦軸にいくつかの要素を取って、それぞれの課題や解決策の方向性をもっと具体的な目標にしていくのです。

	解決策の方向性	要素1	要素2	要素3	要素4
重要課題1		A			
重要課題2					
重要課題3					
重要課題4					

　たとえば、重要課題1を「開発力の強化」と仮定します。解決策の方向性は、「開発分野の選択による経営資源の集中」だとします。要素1を「顧客との関係」とすると、Aには、「集中分野のトップ顧客との対話時間」を指標とした目標が入るかもしれません。経営資源を集中させる分野のトップ顧客と対話を重ねることで、その分野での開発力が伸びるだろうということが考えられるからです。

　このように戦略を展開する要素の考え方はさまざまあると思いますが、ここでは、良く知られているバランススコアカードをご紹介したいと思います。

バランススコアカード

　バランススコアカードはロバート・キャプランとデビッド・ノートンが開発した手法で、戦略を展開し実行するためのマネジメントシステムとして、多くの企業が導入しています。

　バランススコアカードは、従来の業績評価指標が財務指標に偏っており、また、戦略との一貫性あるものになっていないという問題を解決しようとするものです。

　バランススコアカードでは、戦略目標を「財務的視点」「顧客の視点」「社内ビジネス・プロセスの視点」「学習と成長の視点」という四つの視点に展開し、それぞれの業績評価指標に落とし込みます。四つの視点に展開された目標や業績評価指標は、それぞれが戦略との一貫性を持ったその会社ならではの特徴あるものになっており、「学習と成長の視点」→「社内ビジネス・プロセスの視点」→「顧客の視点」→「財務的視点」というように因果関係を持ち、最終的に財務的成果に繋がるようにリンクしています。また、全社の目標や業績評価指標はさらに部門の目標や業績評価指標に展開され、最終的には組織メンバー個々人の目標にまで関連付けられます。また、バランススコアカードの目標や指標は固定的なものではなく、常に振り返り、学習を経て変化していきます。

　なぜ、四つの視点なのかというと、多くの企業に共通する戦略目標の要素であるので、その企業の戦略によっては、たとえば、社会的責任などのような他の視点が加えられることもあります。

財務的視点

　バランススコアカードにおける財務目標とは単純に売上高や営業利益、経常利益、ROIなどの数値を指しているわけではありません。その会社の戦略に照らし合わせて設定すべき財務目標を考えます。

　たとえば、簡単な例で説明しますと、リピーターの獲得により安定的な収益を目指しているのであれば、リピーターによる売上高が全売上高の何％であるか、といったことが財務目標であるべきかもしれません。また、

その事業が成長期で、まだ多大な投資を必要としている時期であれば、利益率はあまり期待すべきことではなく、売上高の成長率などを財務目標にするほうが適切でしょう。

このように、財務的視点の目標であっても、その会社の戦略に基づいて独自の指標が必要です。

また、バランススコアカードの財務以外の他の三つの視点の目標は、最終的に長期的な財務目標に結びつくように検討されますので、財務目標はすべての目標の終着点にもなっています。

顧客の視点

財務的業績目標を達成するためには、価値提供先である顧客に対する目標が達成されていなくてはならないでしょう。自社の戦略に基づいて顧客を選択し、そのニーズを把握して価値提供できてこそ、財務目標の達成に繋がるからです。顧客の視点の目標としては、たとえば、顧客定着率、顧客満足度、新規客獲得数、などが考えられるでしょう。ですが、これらについても、決められた指標を使わなくてはならないということではなく、戦略との一貫性がある独自のものを考える必要があります。

また、これらの目標は、実は企業活動に遅れて結果として現れてくる事後的指標であり、それらの目標を達成するためには、顧客が求める価値を明らかにし、それを満たすための要素としての活動そのものを事前的指標として目標にすることも必要です。この事前的指標はパフォーマンス・ドライバーとも言われ、たとえば、顧客の視点であれば、商品の品質や価格、納期、顧客への提案の方法や回数をどのようにすべきなのか、などがこれに当たります。バランススコアカードでは、このように事後的指標のみではなく、事前的指標も組み込むことが大切です。

社内ビジネス・プロセスの視点

顧客の視点の目標を達成するためには、たとえば、顧客の視点のパフォーマンス・ドライバーである「短納期」を実現するようなビジネス・プロセ

スがなくてはなりません。もちろん、このビジネス・プロセスは会社によって異なっており、自社はどこで強みを発揮しているのか、何を元手に他社と戦っているのか、どのような顧客を選定しているのか、という自社の戦略と関連させて、目標を設定します。

バランススコアカードでは、このビジネス・プロセスを、「イノベーション・プロセス」「オペレーション・プロセス」「アフターサービス」という三つからなるバリューチェーンとして捉えています。

イノベーション・プロセスとは、自社が顧客の潜在的なニーズを捉え、それに合った製品やサービスを作り上げるプロセスのことです。開発や企画のプロセスがこれに当たり、企業の長期的な発展の鍵を握ります。開発所要時間、年間新製品投入件数などが業績評価指標になるでしょう。

オペレーション・プロセスとは、現存している製品やサービスを生産し、提供するプロセスのことです。既存のオペレーションは日々繰り返して行われている場合が多く、サイクルタイムなどの従来から行われている品質管理手法で用いられている指標を当てはめることもできます。イノベーション・プロセスが企業の長期的な発展に焦点を当てているのに対し、オペレーション・プロセスは短期的な成果に焦点を当てています。

アフターサービスとは、定期点検、修理などの顧客サービスのプロセスを指しています。修理完了時間、再修理率、スクラップ量などを指標に当てはめて考えることができます。

学習と成長の視点

財務的視点、顧客の視点、社内ビジネス・プロセスの視点で考えた目標を達成していくためには、組織や人材の能力を高めていく必要があるでしょう。短期的な業績向上にばかり目を向けていると、長期的な組織の能力を高めるための活動がおろそかになってしまいますが、バランススコアカードでは最終的に長期的な財務的成果に結びつくよう考えますので、当然、このような活動に関しても目標を設定します。

学習と成長の視点は、「従業員の能力」「情報システムの能力」「モチベー

ション・エンパワーメント・アライメント」の三つのカテゴリーについて見ていきます。

　従業員の能力は、従業員の生産性などを目標にしても良いですが、たとえば、自社の従業員が持つべき能力を明らかにして、それが実現されている度合いを指標にすることもできるでしょう。

　情報システムは、従業員が日々の仕事の中で行うさまざまな意思決定に用いる情報が適切に提供され、管理されているかを見ようとするものです。

　モチベーション・エンパワーメント・アライメントというのは、従業員が能力を伸ばし、会社の目指す方向に向かって行動するための組織の環境に焦点を当てているものです。

　さて、バランススコアカードについては、非常に奥が深いので、ここでは紹介程度にとどめますが、開発者の著書が出ていますので、興味を持たれましたら、読んでみることをお勧めいたします。ここでは、このような戦略展開のシステムを上手に使うために、どのようにマインドマップを活用すれば良いかについて一例を提示させていただきたいと思います。あくまでも一つの例として参考にしてください。

マインドマップ 31 「バランススコアカード」

各メイン・ブランチには四つの視点を書き、それぞれのメイン・ブランチの先には、各視点の戦略目標を書きます。

　会社でバランススコアカードが導入されているとすると、全社用のバランススコアカードが示され、部門に回ってくることと思います。それをもとに、部門用のバランススコアカードを作成する際に、このマインドマップを使うと良いでしょう。最終的には具体策としての戦略プログラムや業績評価指標を表にまとめることになりますが、その中身を考える仮定では、マインドマップを使うのが有効です。各戦略目標について、思いつくことをどんどん書き込みながら思考することができます。また、ブランチ間に矢印を書き込んで目標間のリンクの状況も示すこともできますし、星印などのマーキングを使って関連性を表すこともできます。

マインドマップ 32 「バランススコアカード」の活用例

　このようなマインドマップは、バランススコアカード以外のものにも応用できます。この例と同様に戦略をいくつかの要素に展開し、その目標と具体策、指標を考えることを目的に、マインドマップで思考を拡散させたり、収束させたりしてみてください。

マインドマップ 32 「バランススコアカード」の活用例

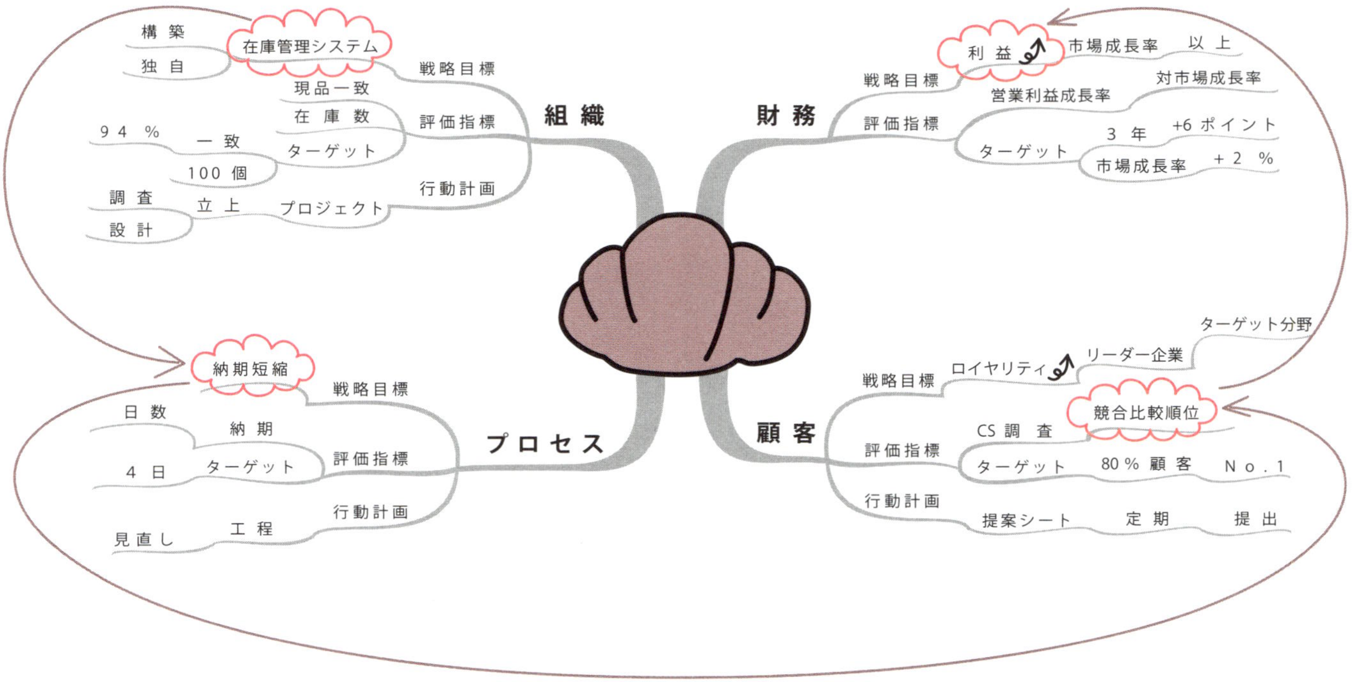

財務
- 戦略目標: 利益
- 評価指標
  - 市場成長率 対市場成長率 以上
  - 営業利益成長率 +6ポイント
- 行動計画
  - ターゲット 3年 市場成長率 +2%

顧客
- 戦略目標: ロイヤリティ／ターゲット分野 リーダー企業
- 評価指標: 競合比較順位
  - CS調査
  - ターゲット 80% 顧客 No.1
- 行動計画
  - 提案シート 定期 提出

組織
- 戦略目標: 在庫管理システム
- 評価指標
  - 構築 独自
  - 現品一致 94% 一致
  - 在庫数 100個
- 行動計画
  - ターゲット 売上
  - 調査
  - 設計
  - プロジェクト

プロセス
- 戦略目標: 納期短縮
- 評価指標
  - 納期 日数
  - ターゲット 4日
- 行動計画
  - 工程 見直し

2-2 実行〜振り返りと学習のフレームワーク

　バランススコアカード等を用いて要素別に具体的に展開された戦略は、最終的には担当部門、担当者が日常の業務で何をすればよいのかといったレベルにまで落とし込まれます。こうして初めて、戦略は本当に実行されるのです。

　ですが、今まで解説してきた部分までですと、実は計画を具体的なものにするところまでに留まっています。計画した戦略を計画どおりに実行できたか、また、計画どおりにやったところで本当に良かったのか、などを振り返り、自分たちの仕事の仕方を改善するために生かすということがなくては、企業は成長していきません。

　「計画〜実行〜振り返り〜修正」という一連のサイクルを繰り返すことで、より上手に仕事ができるようになったり、より効果的な戦略を考えられるようになったり、自社の持っている価値観そのものを見直し、より良い会社になっていったりするのです。このサイクルのことを「マネジメントサイクル」と呼びます。ここではマネジメントサイクルとして良く知られているPDCAを確認しておきましょう。

PDCA

　PDCAは仕事の基本とも言われるように、ビジネスにおいては必ず知っておかなくてはならないものです。Plan, Do, Check, Actionの頭文字を取ったもので「ピーディーシーエー」と読みます。

① Plan（計画）
② Do（実行）
③ Check（振り返り）
④ Action（学習・修正）

マインドマップ 33 「PDCA」

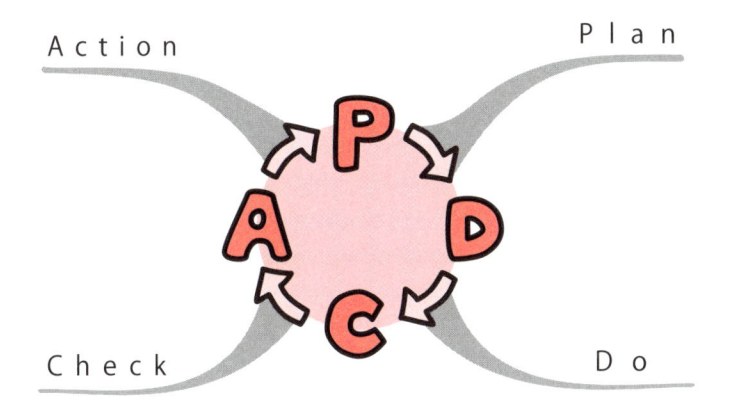

Action　　　　　　　　　　　Plan

Check　　　　　　　　　　　Do

　この本のここまでで解説してきたことは、Planに関する部分です。いかに戦略を考えるかについて見てきました。ですが、会社の経営は戦略立案だけではありません。こうすると決めたことを確実に行うことも大切ですし、実行した結果から新たな問題を発見し、より高い価値提供をするために仕事や考え方を修正し、さらに良い会社へと成長していくことが重要です。

　PDCAは良く知られているだけに、その本質的な意味を誤解されがちです。決められたことを実行し、できているかいないかを振り返り、計画を修正するというのは、PDCAの考え方のほんの一部でしかありません。

　クリス・アージリスはこのような表面的な見直しをシングル・ループ学

習と呼びました。シングル・ループ学習では、戦略を考えた根本的な思考方法や価値観を見直すことはありません。今考えている戦略を良しとして、それをいかに上手に行えるようにするかを考えているに留まります。

　このシングル・ループ学習に対して、アージリスは「ダブル・ループ学習」という考え方を提唱しました。ダブル・ループ学習というのは、PDCAのPlanのもととなる考え方そのものを振り返り学習するというものです。戦略を考える基盤となった、その会社に根付く物の考え方や価値観に問題がなかったかを振り返り、そこで自分たちの考え方の誤りに気づけば根本的な考え方を修正できます。すると当然、戦略そのものも変わってきます。本来のPDCAはこのダブル・ループ学習を行うためのものなのです。

　経営全体を考える際、PDCAは「戦略」とは別の概念である「管理」の概念に含まれます。経営には戦略と管理のどちらも必要なのです。管理というと、決められたことをきちんとさせるためのもの、人間を枠に押し込めるようなことと捉えられがちですが、良い管理はそういうものではありません。良い管理は組織の中にダブル・ループ学習が起きるように行われます。単に決められたことを決められたとおりに行うように強制的、束縛的な管理を行うのではなく、組織のメンバー一人ひとりが自主性を持ち、行ったことから結果を振り返り、自ら学び取ることを促すような活動をします。部長、課長などのマネジャー層と言われる人たちは、このような管理を目指して自分の仕事を工夫する必要があります。

　PDCAサイクルを効果的に行うためにマインドマップを活用するのならば、一つひとつの計画ごとにマインドマップを作成し、Planの部分だけ記入して貼っておきましょう。Do, Check, Actionのブランチは、実行、振り返り、修正をするたびに書き込んでいくようにします。Checkの枝は二つに分岐させ、一方をシングル・ループの振り返り、もう一方をダブル・ループの振り返りにして、自社がその計画を行う際に学習を行えたかどうかを確認したり、思考するのに用います。

　このようなマインドマップを計画ごとに作成し、全員が見えるように掲

示しておけば、一目で仕事がどのように進んでいるのか、振り返りや学習、修正が行われているかが分かります。つまりマインドマップで PDCA の見える化ができるわけです。カラフルで脳を刺激してくれるマインドマップが何枚も壁に貼られていたらどうでしょうか。それだけで職場が明るくなり、メンバーも進んでマインドマップに書き込みたくなるのではないでしょうか。PDCA のブランチすべてが完成する頃には、組織の力がぐっと上昇していることでしょう。

マインドマップ 34 「PDCA の活用例」

　集客目的で自社のホームページ内にビデオ掲載しようというプランについて、マインドマップで PDCA を書いたものです。

　「Plan」のブランチからは、目的、方法、目標の三本のサブ・ブランチが伸びています。このプランの目的は集客力の強化です。方法のブランチには、ビデオ掲載までのスケジュールが具体的に記入され、その内容ごとに実行期限が書き込まれています。目標のブランチには、このプランの目標として、サーチエンジンの掲載順位、申込者数、広告コストが書き込まれています。

　「Do」のブランチは、「Plan」のブランチに書かれたことが実行された際に書き込まれます。ここでは、1 月 14 日にビデオの企画を 4 本作成し、15 日に会議で採択することが書かれています。「Do」のブランチには、このように「いつ」「何を」したかを書いていくと良いでしょう。

　「Check」のブランチも同様に振り返りをした際に書き込みます。「Check」のブランチの先には「シングル」と「ダブル」をあらかじめ書いておき、それぞれの振り返りをしたら、「いつ」「何を」振り返り、何を学んだかを書いてきます。このマインドマップでは、シングルの部分でビデオ企画の進捗と精度について 1 月 14 日に振り返り、ダブルの部分で気づいたことを書いています。ビデオの企画を作ってみて、ホームページ制作における中長期的なビジョンが必要であることに気づいたことが書かれています。

「Action」のブランチは、振り返りをもとに修正した内容を書いていきます。ここでは、ホームページの中長期的方向性を検討する会を開こうと考えていることが書かれており、日程とメンバーをこれから決めて、取り組もうとしていることが書かれています。

　ホームページの中長期的方向性の検討会は、Planの段階ではまったく考えていなかったことですが、マネジメントサイクルを回すことで新たに気づいた課題であると言えるでしょう。このようにしてマインドマップにPDCAのプロセスを一つひとつ書き込むことで、自社の今後の方向性が見えてきます。

第2章●戦略展開と実行のフレームワーク

マインドマップ 34 「PDCAの活用例」

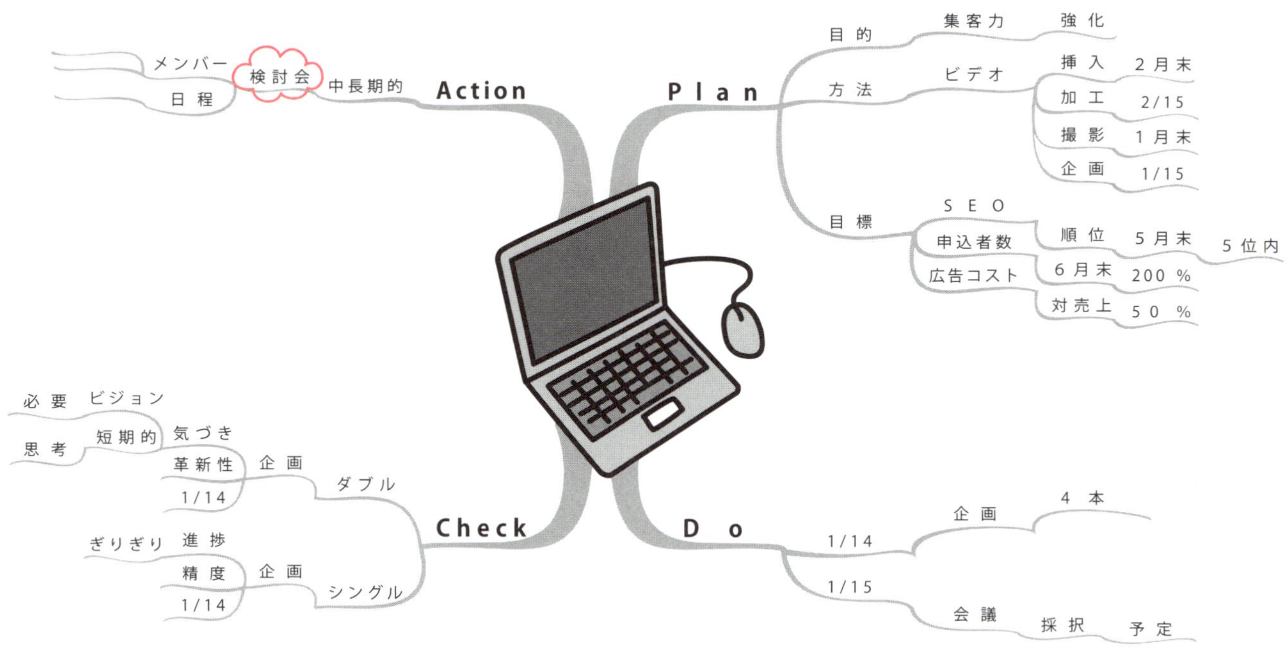

Plan
- 目的 — 集客力 — 強化
- 方法 — ビデオ
  - 挿入 2/15
  - 加工 1月末
  - 撮影 1/15
  - 企画
- 目標 — SEO
  - 順位 5位内
  - 申込者数 6月末 200%
  - 広告コスト 対売上 50%

Do
- 企画 1/14 — 4本
- 会議 1/15 — 採択予定

Check
- 必要 ビジョン
- 思考 短期的
  - 気づき
  - 革新性
  - 企画 1/14 ダブル
- ギリギリ 進捗
  - 精度 1/14
  - 企画 シングル

Action
- メンバー
- 検討会
- 日程 中長期的

113

2-3 リーダーシップを発揮するためのフレームワーク

　企業が自社の存在目的を明確にし、目標を達成していくためには、戦略を考えたり、計画を立てるだけではうまくいかないものです。実際に戦略を実行する社員たちが、自主的にやる気を持って仕事に取り組むための環境づくりができていなくては、成功はないでしょう。

　PDCAのところで、良い管理とはどのようなものかということについてお話しましたが、今度は、組織を引っ張るリーダーがどのようなリーダーシップを発揮していくべきなのかについて考えてみたいと思います。

　リーダーシップとは、組織の目的実現のためにリーダーが取るメンバーに対する働きかけのプロセスを指しています。古くから多くの学者によってリーダーシップ論が論じられてきましたが、近年では、組織のメンバー一人ひとりにクリエイティブ性が求められる時代になっており、メンバーからそのような力を引き出すリーダーシップが求められるようになっています。

　ここでは、リーダーシップの発揮の仕方の一例として、日本経営品質賞アセスメント基準書のカテゴリー1「経営幹部のリーダーシップ」で求めている事項をもとにご説明したいと思います。日本経営品質賞は、米国のマルコム・ボールドリッジ国家経営品質賞をもとに創設された賞で、そのアセスメント基準は、永続的に優れた経営を行うための基準として、多くの企業が活用しています。詳細については、日本経営品質賞アセスメント基準書が毎年改定された上で出されていますので、参照してください。

マインドマップ 35 「リーダーシップ・フレームワーク」

レビュー　　　　　　　　ビジョン明示

風土醸成　　　　　　　　体制制度づくり

---

① ビジョン明示とコミュニケーション
② 革新のための体制・制度づくり
③ 自由闊達な風土醸成・意思決定の透明性確保と合意形成
④ 全社レビュー

ビジョン明示とコミュニケーション

　リーダーは組織のビジョンを組織メンバー全員に明示し、理解を促すコミュニケーションに努める必要があります。ビジョン立案方法は第1章で説明したとおりですが、リーダーは描いたビジョンをメンバーに伝え、納得や共感を得ていかなくてはなりません。もちろん、ビジョンを描く際にもメンバーとともに共同で考えていくことが大切です。人は自分で納得できないもののために自主的に仕事をすることは難しいからです。組織の多くのメンバーがビジョン立案に参画していれば、納得や共感を得るのもうまく行きやすいでしょう。

　では、どのようにしてビジョンを明示するか、どのようにコミュニケーションを取るかということですが、これは会社の中で、自分たちで考える

必要があります。このようなことを実施するための方法は正解があるわけではなく、その会社ごとに考えて実施し、適切な方法かどうかを検証するしかないのです。

　他社がやっていることを真似してみても、自社でうまくいくとは限りません。リッツカールトンホテルが、自社の風土づくりや社員教育に使っていることで知られるようになった「クレド」という、自社の価値観や行動指針を書いた携帯用のカードがあります。多くの会社がこれを真似してクレドを作成しました。けれど、これがうまく機能して、ビジョンが現場の社員にまで理解されているかどうかは別の話です。

　クレドを作成したからといって適切なリーダーシップの発揮ができている印になるわけではありません。リーダーが自社のビジョンを明示し、メンバーから納得や共感を得るという目的を達成できているかどうかが重要なのです。ビジョン明示と一言で言っても、リーダーがメンバー一人ひとりとじっくり話をしたり、日常業務に照らし合わせて仕事をしながらビジョンの持つ意味の理解を促したり、実にさまざまな方法があるはずです。

　マインドマップを使って、リーダーとしてどのような活動をすれば良いのか独自に考え、「ビジョン明示」のブランチの先に書いてみましょう。

革新のための体制・制度づくり

　リーダーは組織がビジョンを実現していくために、組織体制や制度を整えることを求められます。たとえば、部門間連携を高めるという「KFS（重要成功要因）」があるのであれば、各部門の人たちが集える会議を定期的に開催する、さまざまな部門から人材を集めて共同で仕事をするプロジェクトチームを編成する、といったように場づくりをする必要があります。このような活動もリーダーシップの方法として考えてみてください。

　マインドマップの「体制・制度づくり」のブランチの先に、現在の自社の重要な課題から考えて行うべきことを書いてみましょう。

自由闊達な風土醸成・意思決定の透明性確保と合意形成

　リーダーは、誰もが率直に意見を述べられるような組織風土を醸成することに努める必要があります。たとえば、いつも上司が一方的に指示をし、部下は聞いていれば良いという態度では、自由闊達な組織風土などできるはずがないことは分かりますね。リーダーの日常の行動や態度が、風土醸成に大きく関わっています。

　また、組織のメンバーが「この組織では公正性が保たれている」と組織に信頼を持てるように、意思決定の透明性を確保したり、多くの人たちが参画して合意形成できる組織を作ることも必要です。密室会議で何事も決まり、社員には説明もなく決定事項の通達が回るだけといった組織では、メンバーは納得して働くことができないからです。

　マインドマップの「風土醸成」のブランチの先に、このことに関連してリーダーが行えることを考えて書いてみましょう。

全社レビュー

　リーダーは、組織が目的を果たしていくために、自ら掲げた目標を達成しているかどうかを定期的に確認していく必要があります。これは単純に売上が上がっているか、利益が出ているかということを見るだけではなく、日々の活動そのものを振り返り、目標実現にとって本当に有効なものになっているかどうかを確認し、必要に応じて修正していくことも含んでいます。

　最終的には会社の業績に責任を負うのはリーダーです。業績は会社が社会に対して提供した価値の見返りですから、自社が良い価値を提供する活動を行えているかどうかを振り返り、必要ならば軌道修正のために働きかけるのもリーダーの大切な仕事なのです。

　マインドマップでは、「レビュー」のブランチの先に、いつ、どのようにして、何をレビューすれば良いのかを考えて、書いてみましょう。

マインドマップ 36 「リーダーシップ・フレームワークの活用例」

　このマインドマップは、とある企業の営業部長が自らのリーダーシップについて考えたものです。

　「ビジョン明示」のブランチの先には、「部長懇談会」「毎週月曜夜」と書かれ、毎週月曜日の夜に営業部長が部長懇談会を開催し、ここでのコミュニケーションを通して会社のビジョンや部の方針に対する理解をメンバーに促し、共感を得ていこうとしていることが書かれています。

　「体制・制度づくり」のブランチの先には、「課長連絡会」「営業部勉強会」と書かれ、毎月一度、営業部内の課長が集まり情報交換をする会を設けようとしていること、営業部メンバーが誰でも参加できる勉強会を実施しようとしていることが書かれています。

　「風土醸成」のブランチの先には、部課長会議後、議事録公開までの日数を1日と定め、必ず決定の経緯を説明することが書かれています。

　「レビュー」のブランチの先には、「事後お伺い」「定期連絡」「売上額」「経費額」と書かれ、営業部長が営業プロセスと財務結果の両方をレビューしようとしていることが分かります。

マインドマップ 36 「リーダーシップ・フレームワークの活用例」

ビジョン明示
- 部長懇談会
  - 毎週月曜夜
  - コミュニケーション
  - ビジョン明示
  - 営業部方針

レビュー
- 売上額
- 経費額
- 顧客 — 定期連絡
- 事後 — お伺い
- 営業プロセス確認
- 営業プロセス確認

体制制度づくり
- 課長連絡会
  - 月1回
  - 情報交換
- 営業部勉強会
  - 誰でも参加可能
  - 担当?

風土醸成
- 議事録
  - 部課長会
  - 1日後公開
  - 決定事項説明
  - 経緯

第2章 ●戦略展開と実行のフレームワーク

2-4
対話のできる組織を作るためのフレームワーク

「会社を良くしていきたい」

「立案した戦略をしっかり実行しつつ、日々の仕事の中で自然と創意工夫がなされ、創発的に戦略が形成されるようにしていきたい」

このように考えたら、組織の状態を良いものにしていく必要があります。そのためには先ほど述べたような社員の自主性と学習を促すような管理観にもとづいた管理を行い、リーダーも前項で述べたような適切なリーダーシップを取ることが重要です。また、このような良い状態の組織では、「対話（ダイアローグ）」が重視されています。

対話（ダイアローグ）は討論（ディベート）や議論（ディスカッション）とは異なります。ディベートは互いの意見を戦わせて、どちらかが勝つことを目的に行っています。ディスカッションは勝ち負けを目的にはしていませんが、結論を出すことを目的にしています。これに対し、ダイアローグは急いで結論を出そうとしません。これは結論を出すことよりも、対話に加わった人たちの気づきや学習に重点を置いているからです。

ダイアローグは、さまざまな立場からの物の見方、考え方があることを受け入れ、自分の考え方が一面的な見方になっていないか確認しながら行われます。相手の意見との相違から自分の考え方を見直して、新しい考え方を生み出すことができれば良いダイアローグと言えるでしょう。このように、自分の持っている思いこみや固定観念を見直し、新しいことに気づくところが学習に繋がっているのです。

私たちの思考は、どんなに論理的に考えているとしても、不確かな前提に基づいたものになっています。事実から何かを拾い上げる際にも、事実

をそのまま受け取っているのではなく、個人的な視点から気になるものだけを選択するという作業が入り込んでいます。この時点で、人によって事実の拾い上げ方が異なっており、思考の前提そのものが不確かなものであることが分かります。

さらに、個人的な視点に基づいて拾い上げた事実に意味解釈をつけますが、意味解釈の仕方も人によって異なります。この意味解釈に基づき、さまざまな事実を組み合わせて推測をします。ここから結論を導き出し、自分自身の確たる情報として持ち、これに基づいて行動をします。すると、結論を出し行動する段階まで来てしまうと、他人から見ると、なぜそのように考え、行動しているかはよく分からないものになっているのです。

このような人の思考の不確かさを、クリス・アージリスは「推論のはしご」と名付けました。不確かな前提に基づくはしごを一段ずつ登るように思考しながら、自分では確かな結論だと思いこんでいるというのです。

会社の経営で考えたらどうでしょうか。

たとえば、私たちの思考はこのように不確かなものであるのに、経営トップが「この考え方は絶対である」のように思いこんでいたとしたら、非常に危険なことになります。戦略を考えたり、自社の規範となる価値観を考える際、「これは絶対正しい」という考え方は思考の選択肢を狭め、間違った方向での結論を出す危険性を高めます。

このような偏った思考が生みだす危うさを回避するために、ダイアローグは重要な役割を果たします。

ダイアローグでは弁証法的な思考法を取ることで良い結果が生み出されます。弁証法とは、一つの意見を「正」とし、それに反するような意見を「反」とし、双方の考え方を聴きあい認めることで、「合」という新たな考え方を生み出す対話方法です。

会社の中でもこのような弁証法的な対話を重視していれば、より多くの視点から物事を検討することができますし、また、上司の言うことが絶対という雰囲気がなくなり、メンバー全員が納得できる状況を作り出すことができるのではないでしょうか。

それでは、このような対話を重視する組織を作っていくためには、どうすれば良いのでしょうか。メンバー一人ひとりが対話の大切さを認識することが大切であるのはもちろんですが、対話のプロセスを考えるフレームワークを持っていることも必要です。ここでは、対話のプロセスを考えるためのフレームワークとして、PRAM（プラム）をご紹介します。

PRAM

　PRAMは相手とWin-Winの関係を築き、お互いの関係を良いものに作り上げていくための交渉モデルです。交渉というと、従来、駆け引きやゲームのように捉えられがちでしたが、そうではなく、Win-Winの良い関係づくりをするのが交渉であると考えます。

　この交渉モデルとしてのPRAMは、良い対話をしていく上でも役立ちます。

マインドマップ 37 「PRAM」

Maintenance　　Plan

Agreement　　Relation

① Plan（計画）
② Relation（良い関係づくり）
③ Agreement（合意形成）
④ Maintenance（関係を維持する）

Plan（計画）

　話し合いの計画を考える際には、まず、自分の目的、目標を明らかにします。この話し合いで最終的にどのような合意を得たいのかということです。合意を得るまでには話し合いのステップがあるはずです。どのような順序を立て、どこまで持っていくのかをなるべく細かく考えます。

　次に相手側の目的、目標を予想します。たとえば社内会議でも、営業部側と製造部側など、異なる立場から考えると、一つの案件に対しても要望が異なるという場合はあるでしょう。あなたが営業部側で話し合いの目的、目標を持っていたとしたら、相手側の製造部側ならどう考えるかを予想しておくということです。話し合いはWin-Winでなくてはなりませんので、相手のことを考えておくのはとても重要なことなのです。

　自分と相手の目的、目標を考えたら、合意できる領域が予測できます。あらかじめ、どのあたりで合意するかを考えておきます。一方、合意がうまくいかないケースも想定し、なるべく合意に至るように、さまざまな代替案を検討しておきます。ここでいかにさまざまな角度から考えておくかが、実際の話し合いでの相手側の印象を左右することになります。合意できないような不一致点についても事前に真剣に考えているのだということが伝わると、その誠意が伝わるため、交渉もうまくいきやすいのです。

Relation（良い関係づくり）

　話し合いの前提には参加メンバー同士の良い人間関係が必要となります。意見が対立したとしても、人間的な信頼関係が構築されていれば、合意へと導くことができます。部署内でも、部署間でも、互いに信頼しあえ

るような日々のコミュニケーションに努めておくことが大切です。

Agreement（合意形成）

　実際の話し合いの場面では、Planの際に考えた相手側の目的、目標を確認します。次に自分と相手側との合意点を確認します。互いに合意できない不一致点が明らかになったら、Planの際に考えておいた代替案を提示し、一緒に考えます。事前にさまざまな角度から検討しておけば、相手もその誠意を受け止めてくれ、交渉はうまく進みやすくなります。

　最終的には、相手側のほうから打開策を提案をしてくれるようになれば、実に良い状態で合意が得られることになります。

Maintenance（関係を維持する）

　このようにして作られた良い関係を維持するように努力します。約束したことを守り、自分の責任を果たす、お互いへのねぎらいを忘れない、などが大切です。

　会社を対話ができる良い組織にしていこうとするなら、話し合い後、対話後の信頼関係の維持も大切なのです。

マインドマップ 38 「PRAMの活用例」

　マーケティング担当者が、営業会議で新たなイベントを提案するために作成した話し合いプロセスのマインドマップです。

　「Plan」のブランチの先には、「自分」「相手」「合意点」「代替案」の四つのブランチが伸びています。自分はイベント実施の合意が得られることを話し合いの目標に置いていますが、相手側である営業担当者はおそらくイベントに対する不安を持つだろうということが検討されています。その上で、双方が合意できそうな部分、不一致となりそうな部分を考え、代替案を検討しています。

　「Relation」のブランチの先には、営業担当者との信頼関係を作るために自分がやるべきこととして、「笑顔で挨拶」「カタログ納期の早期連絡」「広

第 2 章 ● 戦略展開と実行のフレームワーク

マインドマップ 38 「PRAMの活用例」

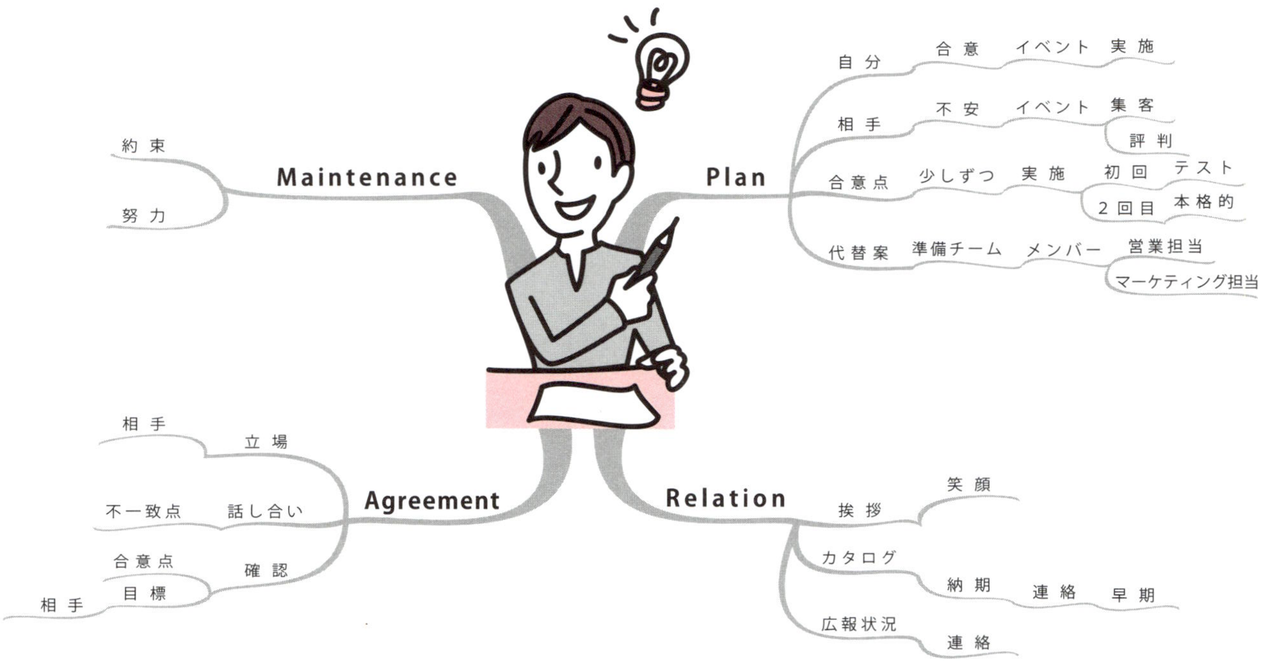

Plan
- 自分 — 合意 — イベント実施
- 相手 — 不安 — イベント集客
- 合意点 — 少しずつ実施 — 評判
  - 初回テスト
  - 2回目本格的
- 代替案 — 準備チームメンバー — 営業担当
  - マーケティング担当

Relation
- 挨拶 — 笑顔
- カタログ — 納期連絡
- 広報状況 — 早期連絡

Agreement
- 相手 — 立場
- 不一致点 — 話し合い
- 合意点 — 確認
- 目標 — 相手

Maintenance
- 約束
- 努力

報状況連絡」が書かれています。日常の仕事の中で相手が望んでいるだろうことを考えています。

「Agreement」のブランチの先には、実際の話しあいの際に踏む手順がメモされています。「相手の目標確認」「合意点の確認」「不一致点の話し合い」「相手の立場で」といったことが書かれ、実際の対話のシーンで自分が気をつけておくべきことが記入されています。

「Maintenance」のブランチの先には、話し合い後に自分がするべきことを書き込めるように「約束」「努力」と書かれ、果たすべき約束と努力すべきことを記入する欄が用意されています。

2-5 この章のおわりに

　戦略の実行、展開を考える際、どうしても組織の状態をどのようにするかという問題に突き当たります。組織の状態が良くなくては何も進まないのです。この章の最後に、現代の組織論の中心的な考え方になっている「学習する組織」について少しだけ触れておきたいと思います。この考え方にマインドマップを活用する方法として具体的なもののご紹介はありませんが、戦略展開や組織を学ぶ上での基礎知識として、参考にしていただければと思います。

学習する組織

　学習する組織とは、マサチューセッツ工科大学のピーター・センゲ教授が提唱した考え方で、世界的に注目を浴びており、現在も多くの企業や研究者が優れた組織の構築のために取り組んでいる活動の根底にある組織観です。

　学習する組織の考え方では、自らの組織を自らの学習により変化させていこうということがテーマになっています。センゲは自著『The Fifth Discipline (邦題『最強組織の法則』)』の中で学習する組織を「人々がたゆみなく能力を伸ばし、心から望む結果を実現しうる組織、革新的で発展的な思考パターンが育まれる組織、共通の目標に向かって自由にはばたく組織、共同して学ぶ方法をたえず学びつづける組織である」と表現しています。

　その本質は簡単に述べられるものではなく、興味を持った方はぜひ、セ

ンゲの著作にあたっていただきたいのですが、ここでは、センゲが提唱している学習する組織を構築するための五つの要素について簡単にご紹介します。

① 自己マスタリー

　センゲは学習する組織の土台には、組織メンバー一人ひとりの人間的成長が重要であると述べています。一人ひとりが自分の人生を創造的なものとして受け止め、ビジョンに向かって自己成長を続けていくことを自己マスタリーと呼び、学習する組織に欠かせない要素であるとしているのです。

　ですが、このような人間的な成長を強制的に行わせることはできません。会社を学習する組織にしていくためには、メンバー一人ひとりが自分を高めていくことを支援する環境を整え、リーダーがモデルとして真剣に自己マスタリーに取り組むことが大切であるとセンゲは述べています。

② メンタルモデルの克服

　センゲは、企業がせっかく持っているアイディアや研究開発成果を生かせないでいるのは、その企業に深く根付いたメンタルモデルに原因があると述べています。

　メンタルモデルとは、人の心の中に作り上げられた固定概念のことです。会社のメンバーが不適切なメンタルモデルを共有していると、新しいチャレンジを踏み出せない、環境変化を洞察して対応策を検討することをしない、などといったことが起こります。

　たとえば、「この業界では今までどおりの商慣習が続くに違いない」という考えは多くの会社の中にありがちな不適切なメンタルモデルの例です。このメンタルモデルを克服できないために、いくらコンサルタントや一部の革新派が「そうではない。今後、大きな変化が訪れる」と警告を鳴らしても、社内の人たちは色々な理由をつけて動こうとしません。

　かつて、アメリカの自動車市場に日本が進出した際、GMの中にはこのようなメンタルモデルがはびこっていました。「自動車はステータス・シ

ンボルであるから、スタイリッシュであることのほうが品質よりも重要だ」というのが、当時のGMの社内に無言のうちに共有されていたメンタルモデルです。確かにかつてはそうであったかもしれません。しかし、日本の自動車メーカーが品質の良さをアピールしアメリカにおける市場シェアを伸ばし始めても、GMの社内に浸透していたこのメンタルモデルはなかなか消えませんでした。結果として、ますます業績を落としてしまったのです。

一方で、社内で共有されている不適切なメンタルモデルを打破して、適切なメンタルモデルを共有できれば、企業の力を高めることもできます。つまり、自分たちの持っているメンタルモデルに気づき、それをコントロールすることを考え、実行することが組織には必要なのです。

③ 共有ビジョン

組織の中のあらゆる人々が心に抱いている思い、互いにコミットし合い団結し本当に成し遂げたい、創造したいと望むビジョン、これが共有ビジョンです。つまり、経営トップが考え、それに他のメンバーが従うというビジョンは共有ビジョンではありません。

組織メンバー一人ひとりが個人のビジョンを持つことが大切であり、そのような個々人のビジョンが共有ビジョンに結びついたとき、本当の共有ビジョンになるとセンゲは述べています。

④ チーム学習

共有ビジョンを持つ者同士が集まり、一致協力してチームの力を伸ばしていくためのプロセスをチーム学習と呼びます。

チーム学習を進めるためには話し合い方の向上に取り組むことが重要であり、『The Fifth Discipline Fieldbook（邦題『フィールドブック　学習する組織「5つの能力」』）』では、特にダイアローグとスキルフルディスカッションという2種類の対話形式を用いることを推奨しています。

ダイアローグは、すでに述べたように、急いで結論を出そうとせず、対

話に加わった人たちの気づきや学習に重点を置いた対話の方法です。スキルフルディスカッションは、ディスカッションが持つ主張のしあいになってしまうという欠点を補うような話し合い方で、上手に結論を導き出すものです。ダイアローグで自らの思考を見直し選択肢を広げ、スキルフルディスカッションで意思決定をしていくのです。

⑤ システム思考

　人間の営みの中で生まれた社会というシステムは、非常に複雑にからみあい影響しあっています。さらに、一時として同じ状態を留めていることはなく、常に変化し続けています。このように複雑で変化してしまうシステムの状態を複雑系と言います。システム思考は、社会の持つこのような**複雑系としての特徴を前提とし、あらゆる事象を相互に関連しあったシステムとして捉える考え方**です。

　たとえば、社内で成績の上がらない問題社員がいたとします。直線的な思考方法で考えると、この問題社員をどうするかということに焦点があたります。ですが、実は社内もシステムになっており、複雑にからみあって影響しあっているのです。システム思考で考えた場合には、問題社員の上司や同僚、さらにはその上司の上司や仲間など、さまざまな人間の行動が問題社員の行動の原因を作っていることに注目し、相互関連性や全体をどうするかということに焦点を当てて解決策を考えます。

　システム思考は他の四つの要素の基礎となり、すべての要素を統合する要素として位置づけられます。

　実は、マインドマップはこのシステム思考を促すツールでもあります。マインドマップでさまざまな事象を書き出してみると、全体の関連性が見えるため、ものごとをシステム的に捉える事がしやすくなるのです。できあがったマインドマップを俯瞰してみると、思わぬところと思わぬところが関連していることに気づくことがあります。その箇所同士を矢印で繋げてみましょう。全体の様子と相互の繋がりが見えてくるはずです。

ここまでで全社戦略編は終わりです。
　後半は少し難しい理論もありましたので、大変でしたね。ですが、ここまで一通り読んだのだとすれば、かなりあなたのビジネス力は上がっているはずです。全社を見る力がついたところで、第2部では、部門戦略を考えるためのフレームワークを見ていきましょう。

第2部

部門戦略編

この部では、部門別戦略を検討するときに使うことのできるフレームワークをご紹介します。

　部門別戦略は全社戦略を各部門の仕事に具体的に落とし込んだものですが、部門ごとに必要とする知識が異なりますので、それらの知識をフレームワークを中心に確認していきます。

　必要に応じて、あなたの所属する部門に関連した部分を読むだけでも構いません。もしくは、自分の所属部門に関連したことはすでに知っているというのであれば、他部門のことを理解するために、他のページだけ読んでも構いません。

　この本では、マーケティング、人事・人材開発、生産、財務会計に関する代表的なフレームワークを解説していきます。生産については、サービス業は関係ないと思うかもしれませんが、そんなことはありません。製品そのものは生産していないかもしれませんが、サービスを作り出していますので、考え方を応用することができます。

　各フレームワークには活用事例が示されていますが、これはこの本のために創作されたものです。使い方の例として、参考にしてください。

　これらのフレームワークを一通り学び活用することで、会社を多面的に見ていく力がつき、日々の仕事力もアップするはずです。ぜひ、これからご紹介するフレームワークをマインドマップとともに、毎日の仕事に活用してください。

第3章
マーケティングに関するフレームワーク

会社の中でマーケティングに関する部門と言えば、営業部、広報部、マーケティング部、などがあります。ですが、本来、マーケティングとは「マーケット＝市場・顧客」のことを考えるということですから、実は事業全体に関係することでもあります。経営の父と呼ばれる偉大な現代思想家であるピーター・ドラッカーは、マーケティングを経営の基本的な機能であると位置付けています。
　このように事業経営において非常に重要な役割を持つマーケティングを、どのように考えていけばよいのか、フレームワークを中心に確認していきましょう。

3-1
ターゲットを定めるためのフレームワーク

　マーケティングを考える際に最も重要な要素として、「ターゲッティング」という考え方があります。
　ターゲッティングとは、ターゲットすなわち標的市場を定めるということです。今回の事業において、どこを対象市場とするのかを決めることです。
　たとえば、簡単な例でご説明しますと、美容院を経営するにしても、若い女性向けの美容院と中高年女性向けの美容院とでは、特徴づけが異なるはずです。若い女性向けの美容院であれば、都会的なヘアスタイルを提案したり、流行のメイクを提供できることが重要かもしれません。美容師も若い人のほうが話も合い、好まれるでしょう。一方、中高年女性向けの美容院は、髪の痛みの少ないヘアカラーを上手に提供できることや、肌を若々しく保つための美容液の販売などが重要になるでしょう。あまり若い美容師よりも、年齢もそこそこの落ち着きのある美容師のほうが好まれると思います。
　このように、自社の強みや自社商品の特徴を考えた上でターゲットを定め、その市場の特性に合わせた戦略を考えていくことが大切です。
　ターゲッティングはもともと、「市場はいくつかに細分化できる」という考え方を前提としています。この細分化された市場それぞれのことを、「市場セグメント」と呼びます。では、どのように市場を細分化し、その中からターゲットとする市場をどのように選べばよいのでしょうか。
　市場はさまざまな条件づけによって、実に多様に細分化することが可能です。ターゲットを定める際には、その企業ならではの条件づけ〜細分化

基準を独自に考え、独自の選択基準でターゲットを定めるべきですが、そのためには自社の特徴を自ら良く知っておくとともに、市場細分化のさまざまな方法を知っておく必要があります。

　ここでは、市場を細分化する際に用いる一般的な条件付けのフレームワークと、市場を選択する際に用いる市場選択基準フレームワークをご紹介します。

市場細分化基準

　現代マーケティングの第一人者として知られるフィリップ・コトラーは、市場細分化について述べる中で、消費財市場における細分化基準には、以下のようなものがあるとしています。

① 地理的変数
② 人口動態変数
③ 心理的変数
④ 行動的変数

　地理的変数とは、都道府県、市町村などの地理的な単位や都市の規模、人口密度、その地域の気候などを指しています。「東京23区内にお住まいの方」「中央線沿線にお勤めの方」などがこれに当たります。

　人口動態変数は、年齢や性別、世帯規模、所得、職業などの客観的な人口統計的特性です。「30代女性」「会社経営者」などの条件づけがこれに当たります。

　心理的変数とは、その人のライフスタイルやパーソナリティ、態度や動機などの心理的な特性のことです。「インターネットのハードユーザー」「会社帰りにゆったりとした時間をすごしたい人」などの条件づけの仕方がこれです。

　行動変数とは、その人の購買状況や商品ブランドに対するロイヤルティ

の高さ、商品に求めるベネフィットの特性を表します。たとえば、「そのブランドに対するロイヤルティが高く、新製品が出れば必ず買う人」「常日頃A店を愛用している主婦」などといった条件づけがあります。

　これらの変数は組み合わせて使うこともできます。
たとえば、「東京都に住む30代女性」というターゲッティングの仕方は、地理的変数と人口動態変数を組み合わせています。「最先端商品を持ち歩きたいおしゃれで革新的な人」というターゲッティングの仕方は、いくつかの心理的変数や行動変数を組み合わせて用いています。

マインドマップ 39 「市場細分化基準」

```
    行動変数          地理的変数
            ╲    ╱
             ❓
            ╱    ╲
    心理的変数        人口動態変数
```

　マインドマップでこのフレームワークを使うのであれば、ターゲッティングをする際に、考えの抜け漏れがないかどうかを確認する目的で使うと良いでしょう。上記のように、このフレームワークの4つの変数を記載したマインドマップを作り、それぞれのブランチの先に、自社ターゲットに当てはまる条件を書いてみましょう。一つひとつの基準を漏れなく考えることができるので、考え落としがなくなります。中には、メイン・ブランチの先に何の言葉もないというブランチもあるはずです。そのブランチは、今回のターゲットには用いなかった基準ですので、そのままで構いま

せん。

　このフレームワークはコトラーが消費財の市場細分化基準として提示したものですが、生産財であっても同様に考えることができます。

　コトラーは生産財の市場細分化基準として、人口統計的変数、オペレーション変数（技術・使用率など）、購買形態（既存の関係・購買基準など）、状況要因（緊急性・注文の規模など）、人の特性（ロイヤリティなど）を挙げています。ここでは詳細を解説しませんが、興味のある人は調べてみると良いでしょう。

マインドマップ ❹ 「市場細分化基準」の活用例

　最近、爆発的人気のiPhoneについて、アップルコンピュータのマーケティング担当者になったつもりで、ターゲッティングを行うためにマインドマップを作成するならばどうなるか、という一つの例です。

　「地理的変数」のブランチの先には、大都市と書かれ、Tokyo、New York、London、Parisと世界の大都市名が書かれています。つまり、このような世界的大都市に住む人たちをターゲットの条件にしようということです。

　「人口動態変数」のブランチの先には、20代〜30代と書かれ、特にこの年齢層を狙っていきたいという考えが書かれています。

　「心理的変数」のブランチには、新しい物が好きで常にスタイリッシュなものを身につけていたいと思う人であることが書かれています。

　「行動変数」のブランチには、「リピーター、iPod」と書かれ、iPodを買った人たちがリピーターとして買うだろうということが書かれています。また、別のブランチには、「インターフェイス、直観的」と書かれ、iPhoneに求める効用（ベネフィット）としては、指を使って直観的に操作できるなど、使いやすいインターフェイスを求めている人たちであることが書かれています。

第3章●マーケティングに関するフレームワーク

マインドマップ 40 「市場細分化基準」の活用例

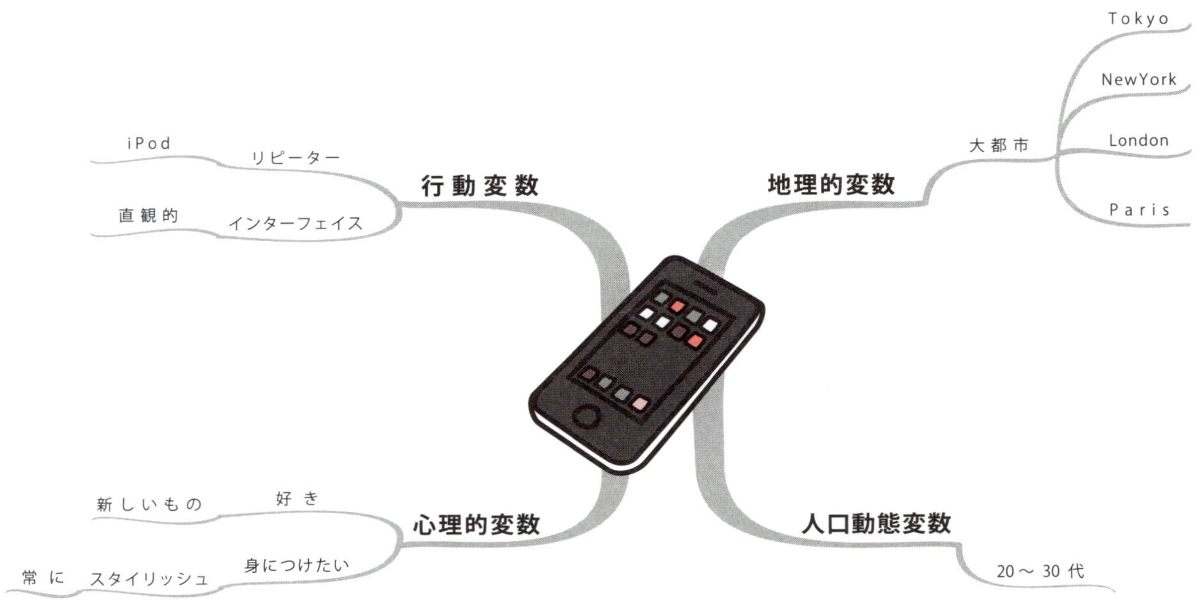

- 地理的変数
  - 大都市
    - Tokyo
    - NewYork
    - London
    - Paris
- 人口動態変数
  - 20〜30代
- 行動変数
  - リピーター
    - iPod
  - インターフェイス
    - 直観的
- 心理的変数
  - 好き
    - 新しいもの
  - 身につけたい
    - スタイリッシュ
    - 常に

市場選択基準

　市場細分化基準の各要素の組み合わせを考えれば、市場はいくらでも細分化することができますが、細分化した市場が果たしてターゲットとして有効なものであるかどうかは、別の視点で考えなくてはなりません。この判断に使うフレームワークが市場選択基準のフレームワークです。これも細分化基準と同様に、コトラーが提唱したものをご紹介します。

　コトラーは、細分化した市場セグメントが有効なものであるかどうかを判断するために、以下の4つの条件を満たしているかどうかで判断することを提唱しています。

① 測定可能性
② 維持可能性
③ 到達可能性
④ 実行可能性

　「測定可能性」とは、その市場セグメントの規模や購買力を容易に測定できることを意味しています。その市場セグメントを選択したとしても、購買力を測定できなくては、どの程度、その商品を販売できるのか見込むことができません。そのため、この測定可能性を満たすことを条件としているのです。

　「維持可能性」とは、その市場セグメントの規模や購買力を考え、十分な利益を上げられるかどうかということです。その市場セグメントがあまりにも小さければ、事業をそこに集中させたところで、事業を維持するだけの利益を出すことができません。自社事業の必要とする利益はどの程度であるかをまず考え、それを満たせるかどうかを考えます。

　「到達可能性」とは、その市場セグメントに対し企業が何らかの方法でアクセスすることが可能で、効果的なマーケティング活動を行えるかということです。

　「実行可能性」とは、その市場セグメントに対して効果があると思われ

るマーケティング活動を自社が行えるかどうか、ということです。たとえば、資金が不足しているなどの場合、そのマーケティング活動は実行できません。

マインドマップ 41 「市場選択基準」

```
実行可能性            測定可能性


到達可能性            維持可能性
```

　市場選択の意思決定をする際には、市場細分化基準のマインドマップで考えた一つの市場セグメントに対し、このマインドマップを作成してみると良いでしょう。

　その市場セグメントが４つの可能性を満たすことができるかどうかをマインドマップで考えてみましょう。それぞれのメイン・ブランチの先のブランチに、○×を書き、その根拠を書くと良いでしょう。初めは可能性がないと思われたものも、別のブランチに新たな考えを書いているうちに可能性を発見できるかもしれません。

　このようにして、検討してみたい市場セグメントのすべてについてこのマインドマップを作成し、どの市場を選択すべきかを検討します。

マインドマップ 42 「市場選択基準」の活用例

　さきほどのiPhoneのマインドマップで考えたセグメントに対して、市場選択基準の4つの条件を検討したマインドマップです。

　測定可能性のブランチの先に「地理的」「人口動態的」「心理的」「行動」と書かれ、市場細分化の変数ごとに測定可能性を検討しようとしています。「地理的」「人口動態的」「行動」のブランチの先には「○」の印があります。世界の大都市圏に住む20代、30代の人たちの人口数は測定できますし、iPodの利用者数も測定できるという意味です。「心理的」のブランチの先には「？」の印があります。「新しいものが好きで常にスタイリッシュなものを身につけていたい人」というセグメントの規模や購買力は測定できるかもしれないけれど、分かりにくいという意味です。

　維持可能性のブランチの先には「○」の印があります。このセグメントの規模や購買力は、この事業を支えるのに十分な市場規模を持つだろうということです。具体的なイニシャルコストやランニングコストの額をこの先のブランチに書き込んでも良いでしょう。

　到達可能性のブランチの先にも「○」の印があります。このセグメントの人たちには、テレビ広告や雑誌の広報が使えます。また、iPodユーザーで、ユーザー登録をしている人たちには、Eメールによる情報配信でアプローチすることができます。これらのことが「○」の先に書かれています。

　実行可能性のブランチの先にも「○」の印があります。アップルコンピュータの資金力やマーケティング力で、上記のようなマーケティング活動は可能であるという意味です。

　このようにして4つの条件がクリアされれば、そのセグメントは採用されます。

マインドマップ 42 「市場選択基準」の活用例

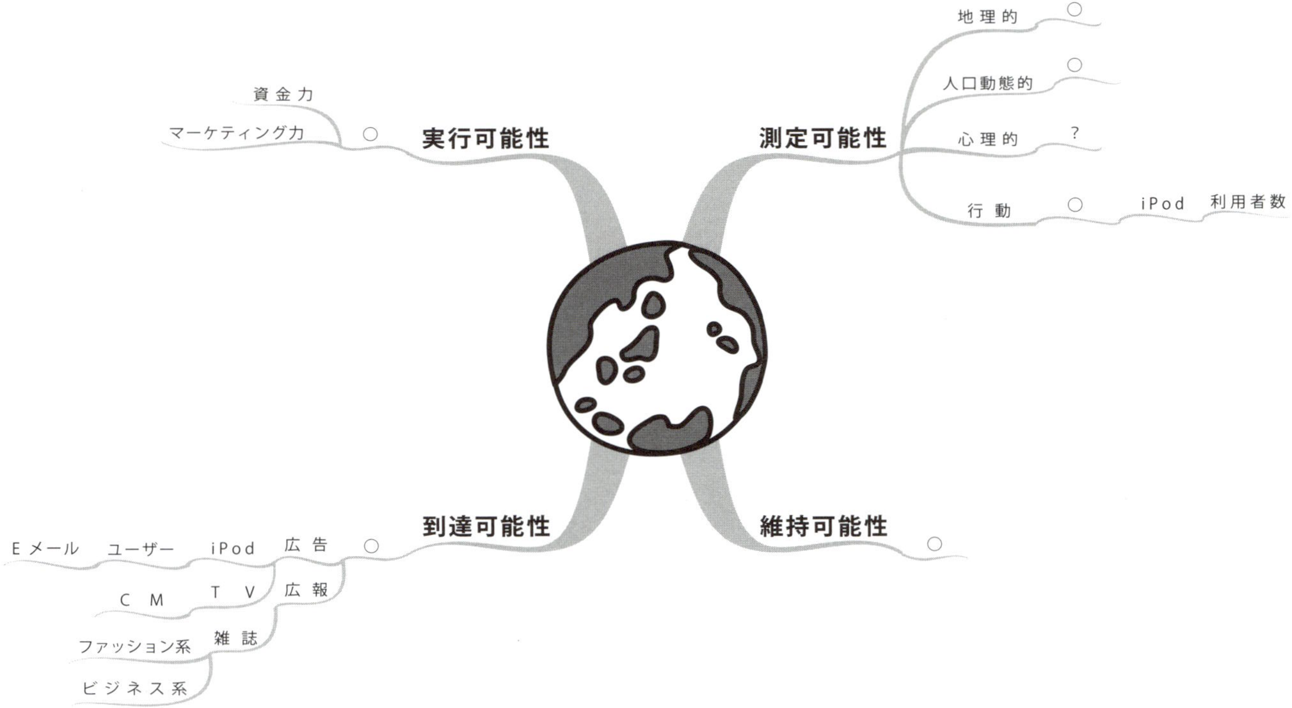

測定可能性
- 地理的 ○
- 人口動態的 ○
- 心理的 ?
- 行動 ○
  - iPod 利用者数

維持可能性 ○

実行可能性
- 資金力
- マーケティング力 ○

到達可能性 ○
- Eメール
- ユーザー
- iPod 広告
- CM
- TV
- 広報
- 雑誌
  - ファッション系
  - ビジネス系

3-2 マーケティングミックスを検討するフレームワーク

　ターゲットに対してどのような価値提供をしていくべきか、詳細を考える際に用いるのが、一般的に「4P（ヨンピー）」と呼ばれるフレームワークです。以下の４つのPを、どのように組み合わせるかを考えるため、「マーケティングミックス」とも呼ばれます。マーケティングミックスは、４つの組み合わせ全体としてターゲットに対して適合していること（ターゲットフィット）、また、４つのP同士が相互に適合しあっていること（ミックスフィット）が重要です。

① Product（製品戦略）
② Price（価格戦略）
③ Promotion（プロモーション戦略）
④ Place（チャネル戦略）

マインドマップ 43 「4P」

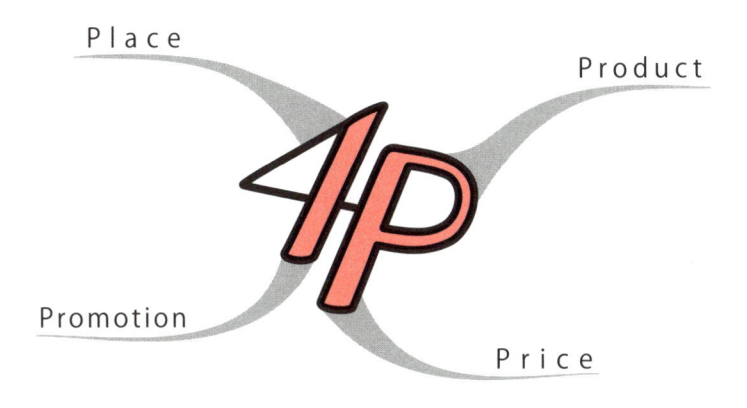

```
    Place                        Product

              4P

  Promotion                      Price
```

　それぞれのPの内容を1枚のマインドマップに書き出してみることで、ターゲットフィットとミックスフィットを確認できます。セントラル・イメージにはターゲットの特性をイメージできるようなものを置くと良いでしょう。

　マインドマップは全体が見えるため、こういう製品ならこの価格だな、こういうプロモーションでこういう販売チャネルだな、というようにPの間を繋げて、相互に関連させて考えやすくなります。また、セントラル・イメージにターゲットの特性を表現しておくことで、このターゲットにはこの価格で受け入れられるかな、こういうプロモーションは有効かな、というように、4Pがターゲットに対して適しているかも確認できます。

製品戦略

　4Pの一つ目「Product」は、製品戦略です。ここでは、ターゲットに対して具体的にどのような製品を提供するのかを検討します。一般的に「製品」としていますが、サービス業であればサービスそのものが製品に当たります。製品戦略を考える際の知識として、主要なものを以下にご紹介します。

製品の概念

　製品をどう捉えるかということについて少し考えてみましょう。製品を構成している要素は何だと思いますか？

　たとえば、携帯用音楽プレーヤーのiPodを例にあげて考えてみましょう。

　iPodは音楽プレーヤーとしての形をしていますが、これを買う人たちは音楽プレーヤーという機械そのものが欲しくて買っているわけではありません。顧客は「音楽をどこにでも持ち出せる」という便利さを求めているのです。

　このような製品が提供している基本的な便益や問題解決の内容を「製品の核」と言います。ですが、製品はこの核だけで構成されているわけではありません。

　iPodと同じような機能を持っている製品は他にもありますが、なぜ、顧客はiPodを選ぶのでしょう。おそらく、「iPod」というネーミングや製品のデザイン、iPodについてまつわるイメージ、操作性の良さなどが選択理由でしょう。つまり、製品という概念は基本的な便益だけで構成されているわけではなく、その形体やイメージなども製品を構成する一部です。

　また、iPodを持っていると、アップルのサイト等から音楽を買うことができます。これはiPodそのものが提供している便益ではありませんが、iPodを買うことによって付随的に得られる便益です。

　実は製品というのは、このようにさまざまな構成要素で総体的にできあがっているのです。マインドマップのProductのブランチの先には、このように、製品を構成するさまざまな要素について書いてみてください。自社の製品の本質的価値や付随的価値に気づくかもしれません。

製品ミックス

　ターゲットに対して提供する製品はさまざま取り揃えるということが考えられるでしょう。この製品の組み合わせを「製品ミックス」と言いますが、製品ミックスはラインとアイテムという考え方で整理すると分かりやすくなります。

ラインというのは、たとえば、キリンビールを例にとってみると、「キリンラガービール」「キリンクラシックラガービール」「一番搾り」などにあたります。同じビールでもさまざまなラインが用意されています。

一方、アイテムというのは、350ml缶、500ml缶、1000ml缶、小瓶、中瓶、大瓶などにあたります。

つまり、ラインは製品の幅を、アイテムは深さを表していると考えてください。

自社製品をどのように揃えるかを考える際、このラインとアイテムの考え方で検討すると良いでしょう。

製品ライフサイクル

製品も生物と同じように、生まれてから死ぬまでの一生があるという考え方です。自社がどのような製品を取り扱うかを考える上で、とても重要な考え方なので、是非参考にしてください。

製品ライフサイクル理論では、製品が市場に投入されてから退出するまで、以下の4つの段階を経ていくと考えます。

① 導入期
② 成長期
③ 成熟期
④ 衰退期

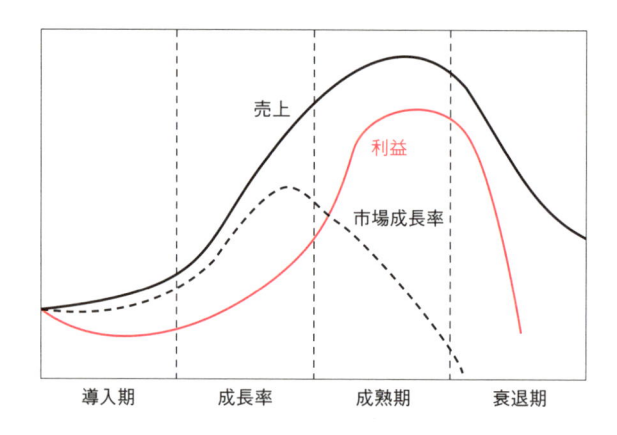

```
          売上
               利益
            市場成長率

導入期  成長率  成熟期  衰退期
```

　たとえば、携帯電話について考えてみれば、製品にライフサイクルがあるという考え方の意味が良く分かるのではないでしょうか。

　日本で最初に登場した携帯電話は、1970年の大阪万博であると言われています。その後、自動車電話などを経て、現在のような手のひらサイズのものが登場したのは1991年だそうです。この間、ほんの一部の人しか携帯電話は使っていません。1970年に始まった携帯電話の導入期はこのあたりまでだったかもしれません。

　その後、小型化に合わせて急速に携帯電話は普及していきました。とはいえ、1993年前後のことを思い出すと、まだ、外回りをする営業担当者が持っているくらいで、一般に普及してはいなかったと思います。その後数年かけて、大人は誰もが持つ時代になり、現在では一人数台、子どもまでが当たり前のように持つ時代になりました。機種はどんどん変化してきましたが、携帯電話という製品そのものは、成長期を経て、成熟期に入ってきたと言えるでしょう。

　携帯電話は次々とモデルチェンジをしてきました。一つひとつの機種を見てみると、すでに衰退期にきて、売られなくなったものもたくさんあります。技術革新が起きると、新たな製品が生まれ、それに合わせて古い商品が消えていくのです。

　あなたの会社の取り扱う商品はライフサイクルのどこにあるのかを考え

て、マインドマップの Product のブランチの先に書いておきましょう。それによって、価格もプロモーションも流通チャネルも変えなくてはならないかもしれません。

　導入期であれば、多くの人が知りませんので、広告を打つなど、販売するためのコストが非常にかかります。「世の中にない商品だから売れる」と考えがちですが、そうとは言えないのです。このときに買うのは一部の新しいもの好きの革新者です。

　成長期には、需要がどんどん伸びますが、ライバルも増えます。製品の差別化などを考えて、自社ならではの顧客を獲得することが大切です。

　成熟期には、シェアを確保して自社製品を「デファクトスタンダード（事実上の標準）」にしてしまう、または、ブランド構築に力を入れるなどして、自社の地位を確固たるものにすることが大切です。

　衰退期に入る前には、新たな製品を開発し、需要の減少をカバーできるよう、別の製品を投入する必要があります。

価格戦略

　4P のうちの二つ目「Price」は価格戦略です。価格を検討する際に押さえておくべき事項を確認しておきましょう。

需要の価格弾力性

　商品価格を検討する際、もう少し安くすればたくさん売れるんじゃないだろうか、とか、逆に価格を高めに設定して、少ない優良顧客にのみ売って利幅を取ろう、などと戦略を考えると思います。

　このような価格設定の際に知っておきたいのが、「需要の価格弾力性」という概念です。

　需要の価格弾力性は以下のような式で数値化して測ることができます。

$$需要の価格弾力性 = \frac{需要の変化率(\%)}{価格の変化率(\%)}$$

この式の数値は基本的にはマイナスになります。たとえば、価格の変化率が10％上昇したとすると需要が5％下降する、というように、価格と需要は逆の動きをすることが予測されるからです。もちろん、値上げによって売れるというケースも、ときにはあるでしょう。

　需要の価格弾力性とは、つまり、価格を下げるとどのくらい需要が増えるか、または、価格を上げるとどのくらい需要が減るかを見ようという考え方なのです。

　価格の変化率よりも需要の変化率が大きい場合には、需要は価格に対して弾力的であると言い、価格の変化率よりも需要の変化率が小さい場合には、需要は価格に対して非弾力的であると言います。

　ここで注意してほしいのは、需要の価格弾力性は値上げのときと値下げのときとで、同じであるとは限らないということです。値上げには非常に強く反応して買い控えるけれども（弾力的）、値下げしたところで需要が伸びない（非弾力的）ケースもありますし、逆に、値上げしても売れ行きが落ちないものの（非弾力的）、値下げすれば非常に売り上げが伸びる（弾力的）ケースもあります。

　価格設定をする際には、自社製品の需要が価格の上昇・下降とどのような関係にあるのかを探りながら考える必要があります。需要の価格弾力性は市場を見ながらテストしてみないと分からない点もあり、正規価格をつける前にテストマーケティングが必要かもしれません。

ペネトレーションプライスとスキミングプライス

　新たに製品を市場に導入するにあたって、取るべき価格戦略には2種類あります。

　一つは「ペネトレーションプライス（市場浸透価格）」と言って、低価格に設定し、市場シェアを獲得する方法です。大手企業などはこの戦略を取るケースが多いでしょう。

　もう一つは「スキミングプライス（上澄み吸収価格）」と言って、導入期は高価格設定し、開発コストを回収し、徐々に価格を下げていく方法です。

ブランドが確立できている会社の新製品などはこの戦略を取ることができます。

4P のマインドマップの Price のブランチには、自社がどのような価格戦略を取るべきかについて書いておくと良いでしょう。

プロモーション戦略

3つ目のPである「プロモーション」は、市場に対して自社の製品についての情報を伝えるために行われます。市場とのコミュニケーションであると捉えることもできるでしょう。

プロモーション戦略には、「広告」「広報」「セールスプロモーション(SP)」「人的販売」の4つの要素があります。製品の性質によって、どのプロモーションを取るのが良いかが変わってきます。また、たとえば同じ「広告」の範疇であっても、広告媒体や見せ方を変える必要もあります。

マインドマップ 44 「プロモーション戦略」

- 人的販売
- 広告
- SP
- 広報

上記のようなマインドマップで特定の製品のプロモーション戦略だけを考えることもできるでしょう。また、4P のマインドマップの Promotion

のブランチの先に、「広告」「広報」「SP」「人的販売」と四本のサブ・ブランチを伸ばして、それぞれの内容を書いても良いでしょう。

広告

広告とは、お金を払ってマスメディア等の広告枠を買い、その広告枠を使って市場にメッセージを伝える方法です。テレビやラジオのコマーシャル、新聞広告、雑誌広告、交通広告、インターネット広告などがあります。製品の性質や予算に応じて、媒体を選択します。

主に顧客に指名買いしてもらいたい製品の場合には、広告を用いたプロモーションが有効です。指名買いをさせるような戦略を、引っ張り型という意味で、「プル戦略」と呼びます。

一方、B to Bのビジネスでは、広告ではなく営業担当の製品説明などにより、顧客が購買に至るケースが多く見られます。このような戦略は「プッシュ戦略」と言います。

広報

広告がお金を払って広告枠を買うのに対し、広報はお金を払わずにマスメディアに取り上げてもらい、それによって市場にメッセージを送る方法です。具体的には、製品が新聞やテレビで報道されるということです。

新聞やテレビは、一方的に良い製品を見つけ出して報道しているわけではなく、企業側がプレスリリースなどで広報活動をした結果、取り上げています。製品の性質によっては、広告よりも広報のほうが信頼性を呼び、プロモーションとしては適している場合もあります。

セールス・プロモーション

なんらかのインセンティブを市場や流通過程に与えることで、販売を促進しようという方法です。インセンティブの対象によって、以下の三つに分かれます。

① コンシューマー・プロモーション（消費者対象）
　試供品の提供、モニター・おまけ・懸賞の提供、ダイレクトメールの送付、展示会、デモンストレーション販売などがこれに当たります。

② トレード・プロモーション（卸・小売対象）
　自社の商品を積極的に販売してもらうために行うもので、ディスカウント、リベート、無料商品提供、共同広告、広告物の提供などがあります。

③ インナー・プロモーション（社内対象）
　社内で行われる販売コンテストでの賞金授与、販売マニュアルの提供などがこれに当たります。

人的販売
　人的販売とは、営業担当者や設計担当者、研究者などが顧客と直接やりとりをすることで、販売促進する活動のことです。これも、単なる「売り込み」というわけではなく、さまざまな方法が考えられます。
　たとえば、日本経営品質賞を受賞した、トヨタの販売会社であるネッツ南国では、営業担当者の仕事は販売することではなく、お客様サポートになっています。一度、自社から車を買ってくださったお客様を定期的に訪問し、車のことで何かお困りはないかを聞くのが仕事です。このようにして長期的な信頼関係を築き、紹介や買い替え注文をいただくというスタイルを貫いて、売上を安定的に確保しています。
　また、多くのサービス業においては、サービス提供時に人的販売が行われていると考えられます。たとえば、美容院での次回予約受付や、飲食店での注文伺いなどです。

チャネル戦略

4つ目のPは「Place」ですが、これは場所という意味で、どのような流通経路を用いるか、つまり「チャネル戦略」を表しています。チャネル戦略においては、「チャネルの開放度」と「チャネルパワー」という概念について確認しておきましょう。

チャネルの開放度

製品は、どこでも買えるものもあれば、特定の店でしか売られていないものもあります。どこでも買えるものはチャネルの開放度が高く、特定の店でしか買えないものはチャネルの開放度が低いのです。

たとえば、日常的に使うトイレットペーパーのような商品は、よほど差別化したものでない限り、さまざまな場所で買えるほうが消費者にとっては便利です。ですが、高級腕時計を買うならば、やはりブランドイメージの高い店舗で、店員から専門的なアドバイスを受けて買いたいと思うでしょう。

自社の製品は開放度の高いチャネルを使うのか、低いチャネルを使うのか、検討しなくてはなりません。一般的には、高級品ほど、開放度の低いチャネルで販売することになるでしょう。

チャネルパワー

一般的な製品の流通経路は、「メーカー→卸売→小売」のようになりますが、この流通経路を構成するそれぞれの会社は、他社に影響力を及ぼし、流通経路全体を統制したいと考えます。この影響力のことをチャネルパワーと言います。

流通経路のうちのどこがチャネルパワーを握っているかは、業界やその製品によって異なります。たとえば、住宅建材業界では卸売がある程度パワーを握っており、名もないメーカーの製品は安くしか買ってもらえません。しかし、ブランドを構築できているメーカーであれば、ある程度高く買ってもらえるでしょう。また、小さな工務店などは、これらの卸売から

高く製品を仕入れて薄利で売らなくてはなりません。

　自社のチャネル戦略を考える際にも、このチャネルパワーについて考えてみましょう。自社が弱い立場で他社にパワーを握られているのであれば、それを打破するためにどうすれば良いのかを考えます。たとえば、先ほどの例の、名もない建材メーカーならば、卸売に頼らずインターネットによる直販を伸ばす、口コミを誘発して自社のブランドを確立する、などの方法が考えられます。

マインドマップ 45 「4P」の活用例

　オリジナルの読書法のセミナー事業を立ち上げようとするときに、4Pのマインドマップを作るとすれば、このようになるという活用例です。ターゲットは若手のビジネスパーソンです。

　Product のブランチの先には、「製品の核」として、昇進、勉強、自己変革、などの言葉が並びます。読書法のセミナーではあるものの、実は昇進を目的としていたり、自分を変えたいと思っている人たちのニーズを捉えているという意味です。読書法セミナーという製品の本質を探っています。

　また、「製品ライン」として基礎、応用、フォロー、と3つのラインが書かれています。基礎にはアイテムとして2時間、3時間、6時間と書かれています。

　また、「成長期」という言葉も書かれており、読書法セミナーが市場において成長期であることが書かれています。

　Price のブランチの先には、「価格弾力性」と書かれ、「値上げ」と「値下げ」で需要が弾力的かどう変化するかが書かれています。

　Promotion のブランチの先には、「広告」「広報」「SP」「人的販売」の四つのブランチがあり、それぞれどのようなことをするかが検討されています。

　Place のブランチの先には、「開放度」「チャネルパワー」と書かれ、開放度は低くすることやチャネルパワーを他のチャネルメンバーに握られないための方策が書かれています。

マインドマップ 45 「4P」の活用例

Product
- 製品の核
  - 昇進
  - 勉強
  - 自己変革
- 製品ライン
  - 基礎
  - 応用
  - フォロー
- 成長期
  - 差別化
    - 2時間
    - 3時間
    - 6時間
    - ?

Price
- 価格弾力性
  - 値上げ — 非弾力的?
  - 値下げ — 弾力的

Place
- 検定
  - 読書力
  - 認定制度
- 優位
  - 開発者
  - チャネルパワー
- 開放度
  - 低く
  - 講師
    - 認定

Promotion
- インターネット
  - PPC
  - 広告
- 広報
  - 書籍
- SP
  - 紹介キャンペーン
- 人的販売

3-3 購買心理プロセスを活用するフレームワーク

　顧客が製品を知り購買するまでにどのような心理プロセスをたどるかは、本来、4P のプロモーションの部分で考えるべきことですが、有名なフレームワークとして AIDMA というものがあるので、ここで特に解説させていただきます。

マインドマップ 46 「AIDMA」

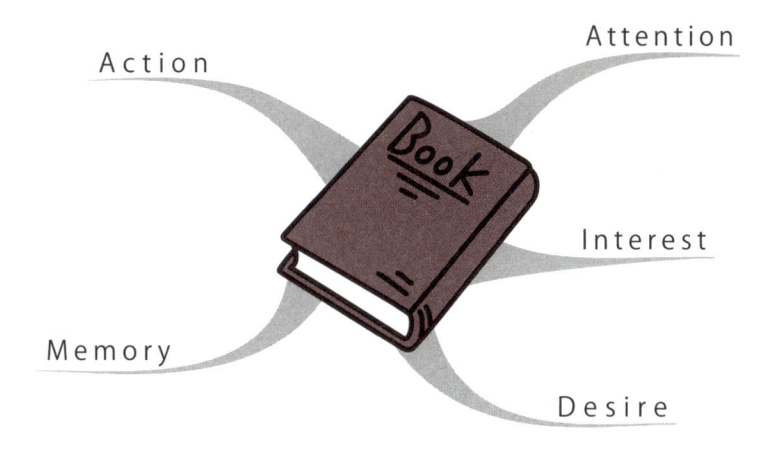

- Attention
- Interest
- Desire
- Memory
- Action

① Attention（注意）
② Interest（興味）
③ Desire（欲求）
④ Memory（記憶）
⑤ Action（行動）

　AIDMA は、顧客が購買にいたるまでの心理プロセスを表したもので、最初は、Attention から始まります。たとえば、テレビ CM を見たり、電車の中吊り広告を見るというのは、その製品を提供している企業が市場に対して送っているメッセージに、消費者が目を止めたということです。つまり、**注意が喚起された**という**意味**で Attention です。

　マーケッターは、プロモーションとして何らかの情報発信をして、ターゲット顧客に Attention を持ってもらうように働きかけます。注意を喚起する方法は広告に限りません。広報、SP、人的販売、それぞれで考えることができます。

　たとえば、ユーモラスなテレビ CM は、その製品への注意を喚起するのに有効かもしれません。いきなり難しい製品説明をする方法では、注意を引き付ける前に素通りされてしまうのではないでしょうか。

　次は Interest で、広告などのマーケッターからのメッセージに気づいた**顧客**が、その製品に興味を持つ**段階**です。この段階では、顧客にとって何がメリットなのかを訴えることで、興味を高めるようなコミュニケーションが大切です。その上で、製品の詳細を伝えていきます。

　こうして興味を抱いてその製品のことを知ることで、初めて欲しい（Desire）と思うようになります。ですが、ここですぐに購買するとは限りません。いったんは時間を置いて検討することを選択する人もいることでしょう。ですが、「いつか機会が来れば買おう」というようにその製品のことを記憶（Memory）します。このとき、マーケッターには、忘れられないように継続的にメッセージを送り続けることが求められます。

顧客はこのような心理的な過程を経て、**最後に購買という Action を起こすわけです。**Action を誘発するためには、マーケッターが顧客の背中を押すような働きかけをすることが必要でしょう。キャンペーンなどは、この Action を引き起こすために行われるケースが多いのです。「今ならお得です。今月中に買えば……」と言われれば、行動を起こしたくなるのが人間の心理だからです。

　AIDMA を知っていれば、プロモーションを顧客心理に合わせて、どのように組み立てるべきかを考えることができるでしょう。マインドマップを使って、プロモーションの構成を AIDMA で考えることも可能です。

マインドマップ 47 「AIDMA」の活用例

　先ほどのオリジナルの読書法セミナーの立ち上げに際し、プロモーションの構成を考えたマインドマップです。

　「Attention」のブランチの先には、「書籍」と書かれています。書籍を出しヒットを狙うことで、自社の読書法セミナーに多くの人に注意を持ってもらおうということです。セミナー自体のネーミングや書籍名も注意を引き付ける重要なポイントになります。

　「Interest」のブランチの先には、「ホームページ」と書かれ、書籍がヒットすることにより注意を喚起された人たちにアプローチする方法として、インターネットを使った情報発信を用いて、さらに興味を高めてもらおうと考えています。

　「Desire」のブランチの先には、受講者のメリットである「楽」「理解力」「集中力」が書かれ、ホームページでキャッチコピーに興味を持った人に、このセミナーを受講したいと思ってもらうためには、何を訴えるべきかが考えられています。

　「Memory」のブランチの先には、「メルマガ登録」と書かれています。ホームページを訪れた人がメールマガジンを登録していける仕組みを作り、すぐに購買しない場合には、定期的に情報を送れる方法を用意して、記憶に留めてもらおうと考えています。

「Action」のブランチの先には、「キャンペーン」「メール」と書かれています。このようにして集まった見込み客の背中を押すために、メールを使ったキャンペーンを展開し、購買を促進しようということです。

　AIDMAのほかにも、Memoryを除いたAIDAモデル、MemoryではなくConviction（確信）を加えたAIDCAモデル、Satisfaction（満足）を加えたAIDASモデルなどがあります。いずれも、顧客が製品を「認知」し、面白そう、欲しいという「感情」を持ち、購買という「行動」を起こすステップを表しています。

第3章 マーケティングに関するフレームワーク

マインドマップ 47 「AIDMA」の活用例

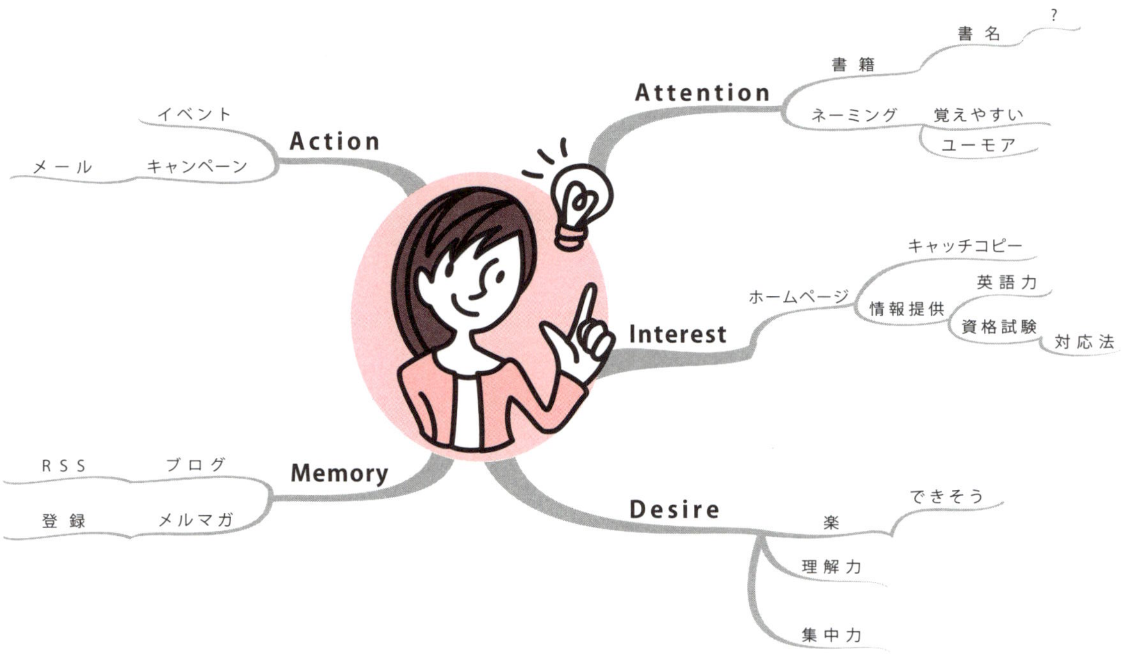

- **Attention**
  - 書籍
    - ネーミング
      - 覚えやすい
      - ユーモア
      - ?
    - 書名
- **Interest**
  - ホームページ
    - キャッチコピー
    - 英語力
    - 情報提供
    - 資格試験
    - 対応法
- **Desire**
  - 楽
    - できそう
  - 理解力
  - 集中力
- **Action**
  - イベント
  - キャンペーン
  - メール
- **Memory**
  - ブログ
  - メルマガ
  - RSS
  - 登録

163

3-4
ブランド構築を検討するフレームワーク

　マーケティングを考える際にもう一つ押さえておきたいこととして、ブランドがあります。
　ブランドとは、何らかの意味の想起や連想をともなう名称や記号のことです。たとえば、「ソニー」と言えば、常に革新的な製品を市場に投入してきたというイメージを浮かべることができるように、その名称や記号にイメージが付加されることでブランドとなります。
　ブランドは消費者にとっては、その製品に対する信頼性を判断する基準にもなります。家電製品を買うときなど、名もないメーカーの製品を買うのは少々気が引けるけれど、パナソニックなどのブランドがついた製品であれば安心して買うことができる、といった経験は誰しも持っているのではないでしょうか。
　一方、企業にとっては、ブランドを構築することで、収益性を継続的に確保することができるようになります。現代の日本社会のように、物的な消費についての欲求がある程度満たされている社会では、物そのものではなく、その製品にまつわるイメージを楽しむ消費が求められます。たとえば、コーヒーを飲むということ一つにしてみても、若いOLならドトールコーヒーよりもスターバックスを選ぶでしょう。コーヒーを消費しているのではなく、スターバックスという名称やロゴの持つ都会的なイメージや、スターバックスならではの店の雰囲気などを消費しているのです。このような消費を喚起できるところが、ブランド構築のメリットです。
　それでは、ブランドを構築するにはどうしたらよいのでしょうか。
　そのブランドから想起させたいイメージを企業自身が明確にしていなく

ては、ブランド構築はできないでしょう。企業は自社の存在目的や価値観を明確にし、企業理念、全社戦略、部門戦略を、一貫性をもって構築し、あらゆるシーンで統一性あるメッセージを発信し、ポジティブな体験を提供していく必要があります。

このように、ブランドはすぐに作れるものではなくじっくりと構築していくものですが、このようにしてできたブランドは、資産としての価値があるという考え方があります。これを「ブランド・エクイティ（ブランド資産）」と呼びます。

ブランド・エクイティについて、この分野の権威であるデビッド・アーカーは、その要素として以下の五つを挙げています。

① ブランド認知
② ブランドロイヤルティ
③ 知覚された品質
④ ブランド連想
⑤ その他の資産（特許・商標等）

マインドマップを使って自社のブランド・エクイティの要素を確認したり、ブランド構築するために何が必要なのかを検討すると良いでしょう。

マインドマップ 48 「ブランド・エクイティ」

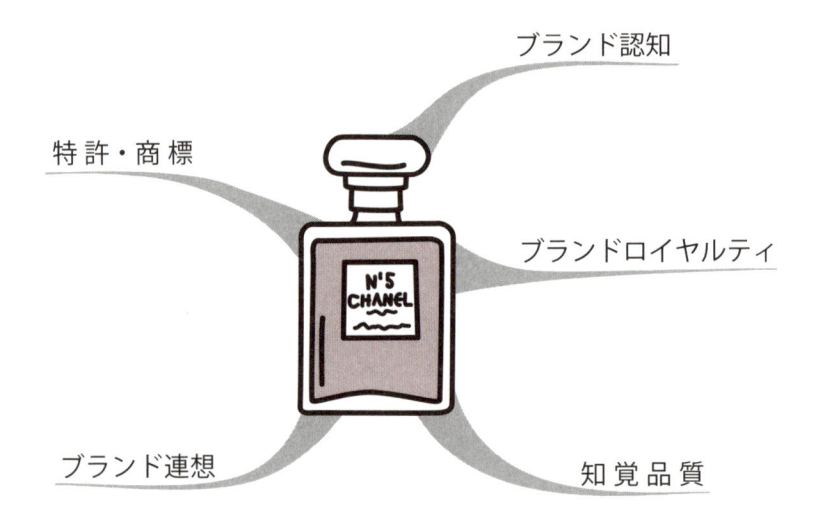

図中ラベル:
- ブランド認知
- 特許・商標
- ブランドロイヤルティ
- ブランド連想
- 知覚品質

「ブランド認知」とは、ブランドがどれだけ知られているかということです。ブランド認知が高ければ、プロモーションコストを削減できるでしょう。

「ブランドロイヤルティ」とは、そのブランドのファンとして忠誠心を抱いており、他のブランドに浮気しないという心理的状態の高さのことです。ブランド認知と同様にプロモーションコストを削減するのに役立ちます。

「知覚された品質」とは、そのブランドから消費者が連想する品質の高さのことで、これが高く構築できていると、他社よりも高い価格設定ができるでしょう。

「ブランド連想」とは、そのブランドから連想される内容の良さです。たとえば、シャネルの5番と聞けば、ゴージャスな世界を連想します。このゴージャスさが人々の羨望を生み、価値として評価されるのです。また、「シャネルの5番の愛用者＝マリリン・モンロー」というように、その製品を使っている人の連想も重要です。良い連想をイメージしてもらえるようにブランド構築できれば、その製品の価値を高めることができます。

このほかに、そのブランドには特許や商標など、他の競合から自身を守るための知的財産権などが付加しているかもしれません。

マインドマップ 49 「ブランド・エクイティ」の活用例

マインドマップ事業のブランド・エクイティを整理したマインドマップです。これを作成することで、ブランドを今後、どのように構築すべきかのヒントが得られます。

「ブランド認知」のブランチの先には、「上昇中」「一部」とあり、ブランド認知は徐々に高まってはいるけれど、まだほんの一部の人にしか知られていないことが書かれています。引き続きブランド認知を高めるために、マスメディアへの露出に働きかける広報活動等が必要でしょう。

「ブランドロイヤルティ」のブランチの先には、「中程度」とあります。マインドマップの利用者はマインドマップをもっと深く知りたいと考える人もいれば、そこそこでいいよ、という人もいるでしょう。ブランドロイヤルティを高めようとするのであれば、マインドマップにまつわるポジティブな体験を増やすためのなんらかの仕掛けが必要かもしれません。

「知覚品質」の先には、「講座」「書籍」とあり、講座や書籍の品質が若手のビジネスパーソンから高く評価されていることが書かれています。

「ブランド連想」のブランチの先には、「トニー・ブザン」「脳」「創造性」「アル・ゴア」と書かれています。開発者は脳と学習の権威であるトニー・ブザンであること、脳のOSとして知られていること、創造性を高める効果があること、また、世界的なリーダーであるアル・ゴアが使っているということが連想してもらえると良いということです。まだ、現在はブランド認知が十分ではありませんので、この部分はマーケッターの目標になるかもしれません。このように意図したブランド連想が定着するようなプロモーションやコミュニケーションは、今後も必要になるでしょう。

「特許・商標」のブランチの先には、現在は記述がありませんが、今後、なんらかの知的財産権を獲得できれば、これらもブランド資産の一部になります。

マインドマップ 49 「ブランド・エクイティ」の活用例

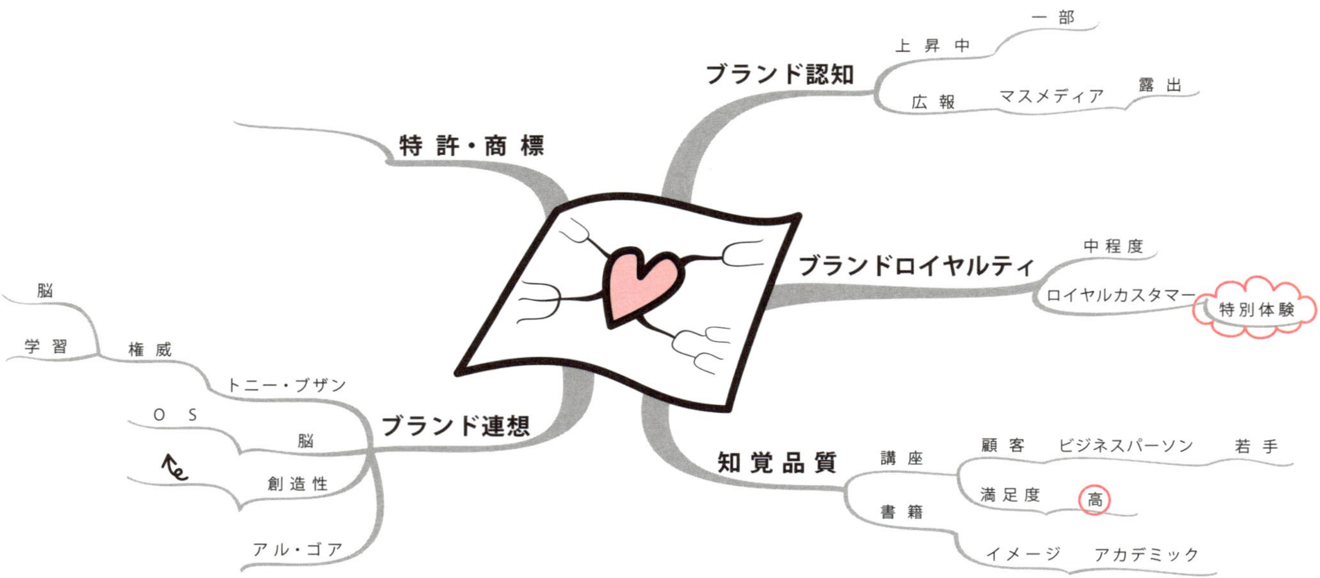

- ブランド認知
  - 上昇中
  - 広報 — マスメディア — 一部
- ブランドロイヤルティ
  - 中程度
  - ロイヤルカスタマー — 特別体験
- 知覚品質
  - 顧客 — ビジネスパーソン — 若手
  - 満足度 — 高
  - 講座
  - 書籍 — イメージ — アカデミック
- 特許・商標
- ブランド連想
  - トニー・ブザン — 権威
  - 脳 — 学習・脳
  - OS — 創造性
  - アル・コア

168

3-5 顧客のクレームを生かすためのフレームワーク

　マーケティングとは、顧客、市場のことを理解し、ニーズやウォンツに合った価値を創造するための活動ですから、販売前後の顧客の思いに注目することはマーケティング活動の中でも特に重要なことです。特にクレームのような顧客の意見や要望は重視し、適切に対応する必要があります。

　米国の調査会社 TARP 社は、1970 年代にアメリカにおける消費者苦情処理の調査委託を受けて実施した結果、以下のようなことを発見しました。

　「不満を持った顧客のうち、苦情を申し立て、その解決に満足した顧客の当該商品・サービスの再購入決定率は、不満を持ちながら苦情を申し立てない顧客のそれに比較して高い」

　「苦情処理に不満を抱いた顧客の非好意的な口コミ影響は満足した顧客の好意的な口コミに比較して、二倍も強く影響を与える」（佐藤知恭『顧客ロイヤリティの経営　CS を超えるサービス・マネジメント』）

　クレームを受けないですむような優れた商品を販売できれば良いのですが、完璧というものは世の中には存在しません。どんなに頑張って商品づくり、サービス提供に励んでも、クレームは発生します。大切なことは、クレームから目を背けるのではなく、積極的に耳を傾け、適切に対応し、自社の改善に生かしていくことです。

　企業はまず、顧客から意見を言ってもらいやすくする環境を整える必要があります。最近では、さまざまな企業が顧客からの声を拾い上げるために工夫をしています。スーパーマーケットに行けば、お客様用投書箱が置かれ、苦情メッセージと店からの返答が店内に貼り出されています。また、多くの企業がインターネットや専用電話で 24 時間苦情受付を行っていま

す。

　このように意見を言ってもらえるような環境を整えるためには、適切なクレーム対応方法をあらかじめ考えておく必要があります。

マインドマップ 50 「クレーム対応」

一次対応
未然防止
再発防止
エスカレーション

　ここでは、顧客からクレームを受けた際、どのようにすれば良いのかを考えるためのフレームワークをご紹介します。

① 一次対応
② エスカレーション
③ 再発防止
④ 未然防止

　「一次対応」とは、顧客からクレームが入ってきたときに、即時に取り組むべき対応のことです。苦情対応窓口の担当者が詫びたり、代替品とすぐに交換したり、といった対応のことで、ここでは迅速性が重要です。社内では、このような一次対応を「いつまでに」「誰が」「どうするのか」を決

めておく必要があるでしょう。

「エスカレーション」とは、苦情対応窓口では対応しきれない問題を、担当部署などが検討して解決する二次対応のことです。製品製造に用いられている機械の故障などの場合には、一次対応ではとうてい済まないでしょう。これについても、「いつまでに」「誰が」「どうするのか」を決めておかなくては、対応が遅れてしまいます。

一次対応とエスカレーションで、クレームのお客様への対応は済んだとしても、それで終わりではありません。せっかくいただいたクレームは、今後の仕事の改善に生かされ、「再発防止」に繋げなくてはなりません。ですので、クレームを再発防止に繋げるための方法も検討しておく必要があります。たとえば、品質保証部のような部門が中心になって、問題を引き起こしたプロセスの改善を進めるなどの取り決めです。

さらに、クレームは再発防止だけではなく、将来起きるかもしれない問題を未然に防ぐのにも生かすことができます。クレームをヒントに一連の業務プロセスの中に似たような問題を発見できれば、事故が起きる前に防ぐことができます。社内では、クレームを「未然防止」に繋げるための仕組みを考えておく必要があります。

マインドマップを用いてクレーム対応を考えてみましょう。四つのブランチの先に、さまざまなクレームに対して適応すべき対応方法を書き込んでいきます。最初は一人ひとりがこのマインドマップを作成し、これをもとにクレーム対応方法を検討するミーティングを開くと良いでしょう。

ミーティングでは、同じようにメイン・ブランチのみのマインドマップをホワイトボードに描き、メンバー全員の考えをこの中に書き込んでいきましょう。社内のさまざまな情報を集めてクレーム対応方法が検討できる上に、メンバーが決定に関わっていますので、実行される度合いも高まります。

マインドマップ 51 「クレーム対応」の活用例

加工食品を製造販売する会社でクレーム対応方法を検討するために、

ミーティングで活用されたマインドマップです。

　食品の場合には、安全性が何よりも求められます。異物混入などの事故が起きた際、誰がどのように対応するかが書かれています。また、エスカレーションとしては、販売先への事後説明や改善案の提示などが必要です。再発防止は品質管理部長が担当し、関連部署に事故の内容を早急に連絡するとともに、1週間以内に再発防止会議を招集して関係者全員で再発防止策を検討します。未然防止も品質管理部長が担当で、月一回の品質管理会議の場で、情報共有するとともに、似たようなプロセス上の問題がないかどうかを話し合うようにすることが書かれています。

第3章 マーケティングに関するフレームワーク

マインドマップ 51 「クレーム対応」の活用例

一次対応
- 誰が
  - コールセンター
- いつまでに
  - 即時
- どうするのか
  - 何が
    - どうなった
    - ポイント
  - 聞く
    - 不愉快
  - お詫び
    - 詫びる
  - 解決方法
    - 提案
      - 消費者
      - 代替品
      - 小売店
    - お届け
    - 聞く

エスカレーション
- 誰が
  - 品質管理部 担当者
- いつまでに
  - 1日以内
- どうするのか
  - 訪問
    - 事後説明
    - 改善案
    - 提示

未然防止
- 誰が
  - 品質管理部長
- いつまでに
  - 月1回
- どうするのか
  - 品質管理会議
    - 情報共有
    - 類似
    - 問題

再発防止
- 誰が
  - 品質管理部長
- いつまでに
  - 連絡 即時
  - 1週間以内
- どうするのか
  - 連絡
    - 事故内容
    - 関連部署
  - 再発防止会議
    - 招集

第4章
人事・人材開発に関するフレームワーク

会社を支える最重要資産としての人材を、いかに生かしていくかを考えるのが人事部門や人材開発部門でしょう。この章では、人事部や人材開発部の人たちの業務を全体的に考えるためのフレームワークと、それに関係する基礎知識をご紹介します。あくまでも全体像のみで、詳細については省いていますが、最低限知っておくべきこととして押さえてください。

4-1 人事システム・基本フレームワーク

　人事システムの全体像を考える際に知っておきたいのが、このフレームワークです。つまり、人事部の仕事の範疇というのは、このフレームワークの内容を漏れなくカバーする必要があるのだ、というように理解してください。

① 採用・配置
② 評価
③ 報償
④ 能力開発

マインドマップ 52 「人事システム」

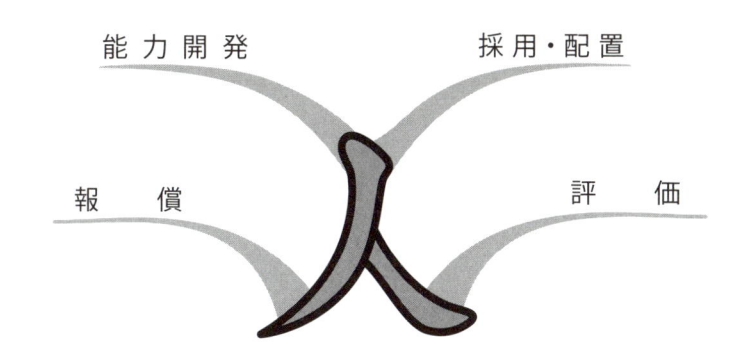

　自社の人事システムを体系的に考えようとする際には、マインドマップ

177

にこのフレームワークを書き、それぞれを関連させながら検討すると良いでしょう。

　システムというのはバラバラに分解して成り立つものではなく、常に相互が影響しあいながら変化していくものです。たとえば、採用・配置だけを考えていても、自社にとって必要な人材像を明確にして、それに合わせた能力開発方法や評価方法、報償の体系を考えていなければ、良い会社にはなりません。

　このフレームワークの各要素は、互いに関連し、バランスしながら機能するものなのです。マインドマップは相互関連性や全体像をつかむのに非常に役立ちますので、ぜひ、マインドマップを活用しながら検討するようにしてください。

採用・配置

　どのような人材をどのように活用しようかというのは、本来、全社戦略からの繋がりで検討すべきことです。自社がどのような目的で存在しているのかによって、採用すべき人材も異なりますし、配置のあり方も変わります。自社の目的が何よりも重要です。

　たとえば、企画開発型組織として世界トップを目指すメーカーなのであれば、発想力豊かな社員が自由にチャレンジできる組織風土づくりに努め、新たな研究や企画を奨励するような制度づくりが必要になるでしょう。

　採用においても、チャレンジ意欲の高い創造性を伸ばせそうな人材を採用すべきでしょうし、もしかしたら、そのような人材でありながら、自社製品に関する専門分野の知識を学んだ人材を探しださなくてはならないかもしれません。配置においても組織がマンネリ化して企画開発力が低下するのを防ぐために、人事交流が起きやすくなるような異動の仕組みを作ったり、自ら異動先を希望できるようなシステムづくりが必要かもしれません。

　このように、会社の目的、つまり経営理念や全社戦略が、採用・配置を

考える際の基本になります。その上で、付加的な知識として知っておくべき事項を確認しておきましょう。

インターンシップ

　インターンシップとは、学生が在学中に就業体験を行える制度のことです。企業の側にも学生の側にもメリットがあり、この制度を取り入れる企業が増えています。

　学生としては、就職する前にその会社で働いてみることで、会社の様子や仕事の内容をつかむことができます。もちろん、就職目的でなくても活用することができます。たとえば、その会社に将来勤めるという気持ちがないとしても、会社で働くということそのものを経験できるというメリットがあります。

　企業としては、採用前に学生の適性を確認できるとともに、インターンの学生を通じて、他の学生にも自社を知ってもらうことができます。また、インターンシップは学生に就業体験を提供するという社会貢献的な意味合いもあり、これに取り組むことで、企業に対する社会からの評価も高まります。

　インターンシップは企業と学生のミスマッチを防ぐ効果が期待されており、近年、これに取り組む企業が増えています。

テンプツーパーム（紹介予定派遣）

　テンプツーパームも、ミスマッチのない良い採用を行うのに有効な方法です。紹介予定派遣契約にもとづき派遣社員として企業で働いた後、企業、派遣社員の双方の納得があれば、正社員として採用されるといった仕組みです。

　派遣期間中にお互いに様子や適正を見ることができるのでミスマッチを防げますし、採用にかかるコスト等も低減できます。

　ただし、対象外職種や派遣期間の上限などがありますので、この点は注意しておく必要があります。

キャリアパス

　キャリアパスとは、ある職位や職務に就任するために必要とされる職務経験のことで、配置や異動の道筋や必要とされる能力を示したものです。キャリアパスが明確になっていると、社員は自己成長の目標を作りやすくなるので、社員の自己啓発を促すことにも繋がります。能力開発プログラムとともにキャリアパスを提供し、社員と企業が密にコミュニケーションを行うことで、個々人の人生計画も考慮した人材開発が行えるでしょう。

評価

　賃金や昇進を決定したり、社員の貢献をねぎらい承認し、さらなる成長を促すために行うのが評価です。査定の意味を持つとともに、人材育成の意味もあり、どのように行うかを多面的に検討することが求められます。

　評価制度を考える際には、評価方法の納得性や適切性、評価者の適性、フィードバック方法の納得性や適切性などに注意しましょう。

何を評価するか

　評価において何を重視すべきか、どこを評価すべきかは、本来、その企業が独自に考えるべきものですが、一般的には以下の三つの要素について評価を行います。

> ① 業績考課
> ② 能力考課
> ③ 情意考課

　「業績考課」とは、仕事の達成度の評価を指します。これには定量的に計測できるものもあれば、定性的にしか捉えられないものもあります。全社戦略を展開して個人目標レベルにまで具体化する際に、目標設定の方法を工夫して、評価との整合性が持てるように工夫しておく必要があるで

しょう。

「能力考課」とは、その人材の持つ知識や技術、企画力、判断力などを評価するものです。能力についてはさまざまな考え方があり、「業務能力」を能力であると定義する会社もあれば、一般に「コンピテンシー」と言われる論理性、受容性、表現力、革新性などといったその人材の持っている素質を能力であると定義する会社もあります。

「情意考課」とは、**勤務態度や熱意、協調性**などを見るものです。仕事の能力は高く、成績は上げるけれど、会社の行うボランティア行事には一切参加しないし、他の社員と協力的な態度で働くことはない、という人も社内にはいることでしょう。このような人をどう評価するかということも会社にとって重要なことです。

企業は社会の中で生かされている存在であり、企業市民として社会と調和しながら存続していく必要があります。社員にもこういったことを理解してもらい、業務以外の活動への参加を促さなくてはなりません。また、企業は組織であり、個々人の単なる集合ではありません。個々人は相互に影響しあい、組織力を構築する要素になっているのです。評価においても、こういった点を考慮するために、情意考課を行うことは有効なのです。

マインドマップ 53 「評価の要素」

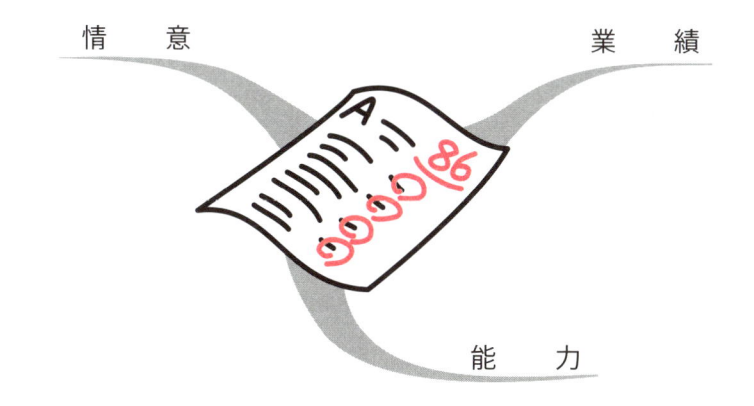

以上の三つの評価の要素についても、マインドマップを用いて検討することが可能です。また、人事システムのマインドマップの中の「評価」のブランチの先に、この三つの要素をサブ・ブランチとして置いても構いません。

誰が評価するか
　一般的には直属の上司が評価を行うというのが、従来からの慣習でしたが、近年では、360度評価など、多面的な評価を導入する企業も増えています。360度評価というのは、上司だけでなく、同僚や部下など、他の人からも評価をもらうことで、評価の片寄りをなくそうというものです。
　また、評価を行う人が評価能力を有しているかについても注意を払う必要があります。考課者訓練は、評価を行う人のためのトレーニングです。人事考課は人が人を評価するものですから、機械的に判断できるような簡単なものではなく、正当な評価をしようとしても片寄りが生じるなど、難しいものなのです。そのため企業には、評価を行う人たちに定期的な考課者訓練を実施することが求められます。

評価をどう活用するか
　かつては、評価は秘密に行われ、賞与の査定に用いるだけといった時代もあったようですが、本来、評価は社員から納得され、人材を育成するのに活用されなくてはなりません。
　そのためには、評価は本人にフィードバックされるとともに、評価者との間で対話が行われる必要があります。なぜ、このような評価になったのか、今後、どのようなことが期待されるのか、または、今後、どのように成長していきたいのか、ということを評価者と本人の双方が納得できてこそ、評価は生きてきます。
　評価しっぱなしで放り出してしまい、評価に納得できず不満を抱いた社員が退職してしまうなどという状況では、会社の行く末も不安です。

報償

　給与、賞与、手当、福利厚生などを総じて報償と言います。報償は労働の対価としての意味合いのほか、利益の配分や動機付けとしての意味もあります。報償の定義を広く捉えれば、金銭的なものばかりではなく、表彰なども報償に含まれるでしょう。

　報償を考える際には、何に対して報償を出すのかが重要になります。特に短期的業績への貢献と中長期的な業績への貢献は、トレードオフになる場合がありますので、バランスを考えなくてはなりません。個人業績への貢献とチーム業績への貢献も同様です。

　報償のあり方は評価のあり方と深く関わっていますので、マインドマップを使って、総合的に検討を進めてください。

能力開発

　自社の目的に合わせて人材を育成するために、能力開発の方法が用意されている必要があります。といっても、単に研修をやれば良いということではありません。どのような人材をどのように育成していくのかは、企業がどのような価値を社会に提供しようと考えているかという企業の目的との一貫性の中で考えるべきことですから、企業によって異なるはずなのです。

　非常に高い顧客サービスを自社の提供価値の独自性に位置づけている会社であれば、どのような思いでそのような高い顧客サービスに取り組もうとしているのか、という原理原則の理解を促し、社員が自ら高いサービスを提供したいと考えるような能力開発プログラムが求められるかもしれません。これは単なる接客マナー研修といったものではなく、自社の理念の理解を促したり、自分で考える力を育てるようなものになるはずで、経営トップ自ら社員と膝を交えて話をするといったことが、これに当たるかもしれません。

　このように、能力開発というのは、一般的な研修などの教育制度を指し

ているわけではなく、「何を開発するか」についても「どのような方法で行うか」についても、経営理念や戦略に基づいて独自に考えて行われるものです。

何を開発するか

　何を開発するかを考える上で参考になるものとして、能力開発の有名なモデルであるロバート・カッツの3分類があります。

① テクニカルスキル
② ヒューマンスキル
③ コンセプチュアルスキル

　「テクニカルスキル」とは、業務を遂行するためのスキルのことで、たとえば機械の設計職であれば、CAD操作能力や機械構造の知識なども含む総合的に設計を行えるためのスキルがこれに当たります。
　「ヒューマンスキル」とは、個人やチームとのコミュニケーションを円滑に行ったり、相手に働きかける力のことを指しています。
　「コンセプチュアルスキル」とは、コンセプトを考えるスキルということですから、単に知識があるというだけではなく、全体を総合して体系的、構造的に考え、新たなコンセプトを生み出すことのできる力であると言えます。
　カッツはマネジメントの階層によって、開発すべきスキルの割合が異なると考えました。低位階層ではテクニカルスキルが、上位階層ではコンセプチュアルスキルが多く求められると考えていたのです。
　しかし、現代のように変化の激しい時代においては、日常業務の中で現場が創発的に戦略を形成できる組織力が求められています。このような状況の中では、一般社員であっても、全体を総合的に捉えて新たな物を生み出すことのできる力であるコンセプチュアルスキルを高める必要があるでしょう。

第4章 ● 人事・人材開発に関するフレームワーク

　これからの能力開発は、何かを知っているという知識型のものではなく、総合的に考えることのできる力や、新しい方法を創造できる力を開発するというものに変化していくと思われます。マインドマップは全体を見渡し、イマジネーション豊かに思考することができるため、このような総合的思考力や創造力を高めるのにはうってつけです。

マインドマップ 54 「能力開発スキル」

コンセプチュアルスキル　　　　　テクニカルスキル

　　　　　　　　　　Goo!

　　　　　　　　　　　　　　　ヒューマンスキル

　能力開発プログラムで開発すべきスキルについて検討する際に、この三つのスキルをマインドマップのメイン・ブランチに置いて検討することができます。対象者別、職階別にこのマインドマップを作るのも良いでしょう。三つのメイン・ブランチの先に、自社で必要と思われるスキルについて、どんどん書き込んでみましょう。もちろん、人事システムのマインドマップの「能力開発」のメイン・ブランチの先に、この三つのスキルを書いても構いません。

どのような方法で行うか

　能力開発の方法は、一般的には次の三本柱で成り立つと言われています。

> ① OJT（On the job training 職場内教育訓練）
> ② Off-JT（Off the job training 職場外教育訓練）
> ③ 自己啓発

　「OJT」というのは、仕事の中で行われる能力開発です。具体的には、上司や先輩が仕事の仕方を日常業務の中で指導するといったことです。

　これに対し、「Off-JT」は、仕事を離れたところで行われる能力開発です。集合研修などが代表的なものです。

　「自己啓発」とは、個々人が自主的に自分の能力開発に取り組むことを指しており、英語教室に通う、資格取得を目指す、読書で知識を広げる、などがこれに当たります。企業としては、自己啓発を個人まかせにしておくのではなく、奨励したり支援することで、個々人が自己啓発に意欲を持って取り組めるための環境づくりをする必要があります。研修費用の補助や資格取得者への一時金の支給など、その方法はさまざまです。

マインドマップ 55 「能力開発方法」

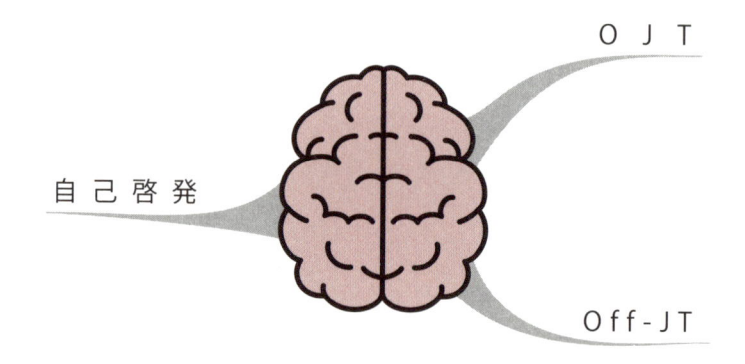

　マインドマップで能力開発の方法を検討する際には、上記のような三つの方法をメイン・ブランチに置いたものを作成しても良いでしょう。ま

た、先ほどの能力開発スキルのマインドマップの各スキルの先に、以上の三つの方法を書き込むこともできます。

マインドマップ 56 「人事システム」の活用例

　サービスが高いことでリピーターを継続的に獲得しているホテルの人事システムを検討したマインドマップです。

　「採用・配置」のブランチの先には、「人材像」と書かれ、このホテルが求める人材像を検討しています。また、「採用方法」とあり、「インターンシップ」と「紹介」と書かれており、インターンシップや紹介を活用した採用を考えています。また、最初の一年間はさまざまな部署に配置転換し、仕事を総合的に理解した後、専門分野に配置することが書かれています。

　「評価」のブランチの先には、「一般」「監督層」「管理層」とあり、マネジメントレベルによって評価ポイントを変えようとしていることが書かれています。評価ポイントは、一般職は業務目標と能力向上の成果です。監督層はこれに部下育成の成果を加えます。さらに管理層は組織の業績そのものを大きく反映させることが書かれています。また、「方法」とあり、役員会だけでなく、部下や他部署の管理者にも評価をもらい、参考にすることが書かれています。

　「報償」のブランチの先には、「給与」「賞与」「表彰制度」とあり、金銭的な報償以外にも、頑張った人を讃える場としての表彰制度を行いたいと考えています。

　「能力開発」のブランチの先には、「何を」と書かれ、テクニカルスキル、ヒューマンスキル、コンセプチュアルスキルのそれぞれで、どのようなものが必要かを検討しています。また、「方法」のブランチの先には、OJTと書かれ、具体的には、現場の先輩がメンターになって育成にあたることが書かれています。

マインドマップ 56「人事システム」の活用例

採用・配置
- 人材像
  - 向上心
  - ホスピタリティ
  - 素直
  - やさしさ
- 採用方法
  - インターンシップ
  - 紹介
- 配置方法
  - 1年目：配置転換／多部署
  - 2年目〜：キャリア形成／専門分野

評価
- 一般
  - ポイント：業績目標／能力向上
  - 方法：直属上司／参考／同僚
- 監督層
  - ポイント：業績目標／能力向上／部下育成
  - 方法：直属上司／参考／部下
- 管理層
  - ポイント：業績
  - 方法：組織／役員会／部下／他部署

能力開発
- 何を
  - テクニカル：個別対応／調理／接客／事務／ワンランク／ネットワーク
  - ヒューマン：聞く／話す／伝える
  - コンセプチュアル：理念
- 方法
  - OJT：メンター／先輩

報償
- 給与
  - ベース 40%
  - 能力等級 60%
- 賞与
  - 成果
  - スキャンロンプラン
- 表彰制度
  - サービス
  - MVP
  - 仲間から

第5章
生産に関するフレームワーク

企業は価値を創出するために、何らかの資源をインプットし、さまざまなプロセスを経て、製品やサービスをアウトプットしています。この「インプット〜プロセス〜アウトプット」という生産の一連のプロセスを、より良いものにしていくために用いるフレームワークを見ていきましょう。この本では、生産管理そのものを体系的に解説しているわけではありません。生産に関する知識の中で、どのような会社にも応用でき、マインドマップで考えると効果的なフレームワークを、いくつかご紹介していきたいと思います。

5-1
より良い仕事を目指すためのフレームワーク

　企業は、価値を創出して顧客や社会から喜んでもらい、対価を受け取ることで存続することができます。ですので、より良い価値を創出することは、企業が目指すべきことと言えるでしょう。

　同じ商品であれば、より品質が高く、欲しいときに手に入り、より安い商品を提供することは、顧客にとってより良い価値であることに違いありません。この顧客が求める本質的な三つの要素を、「需要の三要素」と言います。

> 品質（Quality）
> 価格（Cost）
> 納期（Delivery）

　需要の三要素は、英語の頭文字を略して「QCD」とも呼ばれます。

　自社商品のQCDを高める方策を考えることは非常に大切なことですが、この三つは、実はトレードオフの関係にあります。コストをかければ高品質のものができるけれど、コストを下げるとそれなりの品質になる、というのはすぐに分かるでしょう。また、納期を伸ばせば完成度は高まるけれど、短納期で完成度の高いものを作るのは難しいことです。ですが、このトレードオフの関係にある三つの要素をうまく組み合わせて、顧客のニーズに応えてこそ、価値を提供できたことになるのです。つまり、「安いけれど高品質」「短納期だけれど完成度が高い」となって初めて、他社の商品よりも優れていると評価されるわけです。

つまり、自社の仕事をより良いものにしていくためには、このQCDを常に考えて、より価値の高いものにしていかなくてはなりません。

また、QCDの考え方は商品についてのみ用いるばかりではなく、日常業務をこなす上でも応用して用いることができます。たとえば、上司に週末までに資料作成を頼まれたとしたら、その仕事を行う上でもQCDを考えて行うようにしたいものです。納期どおりに作成できるか、品質の高い資料を作成できるか、余分なコストをかけずに仕事ができるか、といったことが仕事の質の高さに繋がります。

QCDのそれぞれはトレードオフの関係にありますので、三つすべてにおいて理想を実現するのは無理な場合もあります。自社では、QCDそれぞれについて、どのレベルを目指しバランスを取るのかを検討し、それを目標に仕事をするようにすると良いでしょう。

この目標を考える際に、マインドマップを用いると非常に有効です。

マインドマップ 57 「需要の三要素」

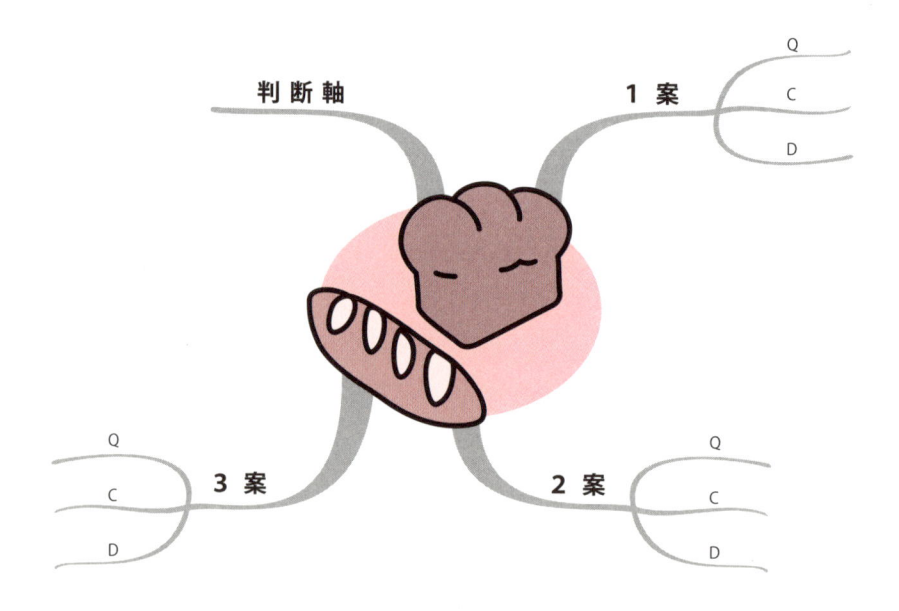

QCDのバランスの組み合わせは、さまざまな案が考えられるはずです。その案ごとにメイン・ブランチを伸ばし、それぞれのサブ・ブランチにQCDの三本のブランチを伸ばし、どのような組み合わせにするのかを書き込みます。

どのパターンを目標とするかを選択するためには、何らかの判断軸が必要になります。本来、この判断軸のもととなるのは会社の理念や戦略になりますが、予算や人材などの経営資源上の制約要因や競合会社の状況も、判断軸のブランチに記入しておくと良いでしょう。

最終的には、いくつか考えたQCDのパターンを比較検討して、判断軸に従って最適なものを選択することになります。また、同様にして、異なるQCDの組み合わせを持つ商品を、数種類用意することを検討することも可能でしょう。

マインドマップ 58 「需要の三要素」の活用例

とある食品機械メーカーで新製品を発売するために、目標とするQCDを検討したマインドマップです。ここでは当初ABCの三つの案が検討されました。

A案は、競合他社に比べてやや高価格です。品質は機械本体の素材を従来の鋳物からステンレスに変更し、コントロールパネルはタッチパネル式できめ細やかな制御ができます。本体がステンレスになったことで機械の清掃もスムーズになり、食品加工現場で求められる衛生管理がしやすくなる上に、細やかな制御ができるため、機械を用いて加工した製品の品質も非常に高くなります。競合では本体のステンレス化は行われていますが、このタッチパネルは採用されていません。しかし、タッチパネル式のコントロールパネルはプログラムを決定するまでの顧客との打ち合わせに時間がかかるため、受注から納品までの時間が長くなります。

B案は、競合他社と同等価格です。機械本体はステンレスでA案と同じですが、制御は簡易式のボタンで、競合の製品とほぼ同等レベルです。コントロールパネルのプログラムを検討する必要がないために、納期も競

合他社と同等になります。

　C案は、競合他社よりも安価な製品です。競合は機械本体をステンレス化していますが、あえて鋳物のままの製品とします。制御も簡易式のボタンです。納期は他の製品の製造ラインの中に組み込んで製造できるため、競合他社よりも早くなります。

　この三つの案を用いて、自社の目標レベルを検討するために、判断軸のブランチにさまざまなことが書かれています。業界リーダーとして業界最高品質を目指すこと、顧客も品質の高い製品を製造する会社を選びたいこと、さらなるコストダウンに努めなくてはならないことなどが書かれています。

　判断軸から考えると、A案をQCDの目標レベルに選択するのがふさわしいように思われます。しかし、競合と比較して高価格で高品質、納期が遅いでは、自社の良さはあまり出せていません。同等価格でより高品質、より短納期を目指すように目標設定し、そのための方策を検討してこそ、自社の競争力を高めることができます。

　このマインドマップでは最終的に、目標としてはA案の価格と納期を見直すこと、その価格と納期を実現するために、再度、業務プロセスの見直しが必要であることが発見されました。その修正案を四つ目の案としてD案のブランチに書いています。競合と同等価格を実現するために、コスト削減委員会を立ち上げること、短納期実現のために、再度、設計を見直し、作業工程のデザインを検討することが書かれています。

第5章 ● 生産に関するフレームワーク

マインドマップ 58 「需要の三要素」の活用例

判断軸

- 顧客
  - 製品 — 高品質
  - 本体 — ステンレス、ボタン、制御
- 競合
  - 自社 — 業界リーダー、コストダウン
  - 品質 — 最高

A案
- Q — 本体：素材 ステンレス、コントロールパネル タッチパネル、制御 衛生管理（清掃、スムーズ）、製品 質（細かい）
- C — 高価格（やや）
- D — 見直し（打ち合わせ）、プロセス（プログラム）、見直し（長い）

B案
- Q — 本体：素材 ステンレス、制御 ボタン
- C — 価格 同等
- D — 早さ 同等

D案
- Q — 同等 納期、プログラム
- C — 設計 見直し（パターン化？、作業工程 再検討）
- D —

C案
- Q — 本体：ステンレス、コントロールパネル タッチパネル、プロセス 改善
- C — 価格 同等（コスト削減委員会）
- D — 早い
- 制御 ボタン（簡易式）、鋳物 安い

125

195

5-2 業務の改善に用いるフレームワーク

　高い QCD を実現するためには、一つひとつの業務プロセスを見直し改善していかねばなりません。ここでは、改善を考える上でどのような点に着目すれば良いのか、ヒントとなるフレームワークを見ていきましょう。

改善の四原則

　改善の四原則は、「ECRS の原則」とも呼ばれ、業務プロセスを以下の四つの視点から見直します。

① Eliminate（排除の原則）
② Combine（結合の原則）
③ Rearrange（交換の原則）
④ Simplify（単純化の原則）

　「排除の原則」とは、仕事の中で無駄なものはないかを考えることです。たとえば、工程と工程の間に仕掛品の置き場があるとします。置き場の前の工程の人はできあがった仕掛品をわざわざここに移動しなくてはなりません。置き場の後の工程の人も、その仕掛品をわざわざ取りにいかなくてはなりません。置き場をなくして、前工程でできあがった仕掛品を次の工程にそのまま移動すれば、移動という無駄な作業がなくなります。このようなムダを省いていくのが排除の原則です。
　「結合の原則」とは、いくつかの作業を一緒にできないかと考えること

です。たとえば、工程ごとに担当者が材料を調達しているとしたら、これを調達部門が一括して行えば、仕事が楽になることがあります。このような考え方が結合の原則です。

「入れ替えの原則」とは、仕事の順序を入れ替えることで改善できないかと考えることです。たとえば、切断してから貼り合わせをして作っていたけれど、逆に貼り合わせをしてから切断をしたほうが、無駄がなくなることが発見できた、などはこの入れ替えの原則に基づいています。

「単純化の原則」とは、生産方法を変えたり、道具を使うなどして作業を簡単にできないかと考えることです。たとえば、今までは一つひとつ手作業でていねいに切断していた作業を機械に流すだけで誰でも簡単にできるようにするなどです。

マインドマップ 59 「改善の四原則」

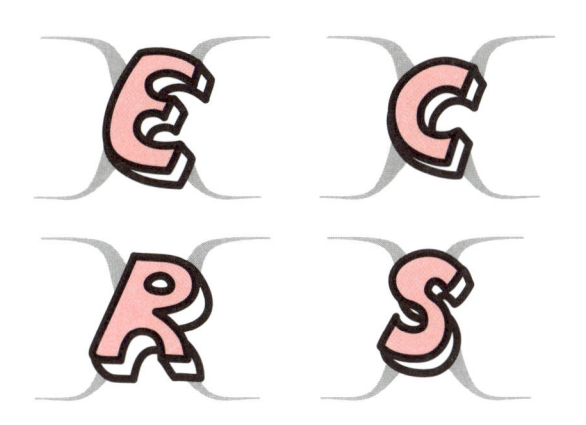

ECRSはE→C→R→Sの順に行い、できることを改善しつくしてから次に行うように用います。

マインドマップを使うときも、E、C、R、Sそれぞれをセントラル・イメージに置き、ブレーンストーミングなどを行って、排除の原則から検討し、これが改善できたら結合の原則へ、と段階を踏んで活用しましょう。

マインドマップ 60 「改善の四原則」の活用例

　とある工場で、ECRSを使って改善案を考えるためのミーティングに使ったマインドマップです。工場の中で何か改善できることはないか、グループでブレーンストーミングをEliminate（排除の原則）から始めます。

　誰かが「Aの棚はいらないんじゃないか？」と話し出しました。一方で、別の誰かが「倉庫にずっと眠ったままの在庫があったね」と話し出します。このような普段は見逃している「ちょっとした気になること」から話を発展させていき、対話の結果、最終的に必要ないのであれば排除していきます。

　このミーティングでは、Aの棚が仕掛品の増加時に仕掛品置場として使う目的で置かれているけれど、現在の在庫方針は削減方向に向かっており、Aの棚はもう必要ないことが分かりました。また、眠ったままの在庫についてはどのようなものがあるのかさえチェックされておらず、これらを調べて中古品として販売してしまえば、在庫スペースを減らせることが分かります。

　また、材料を仕入れる際に、製造現場に連絡が回ってきますが、連絡が回ってきても納期はいつも間に合わないということが起きています。どうせ納期が間に合わないなら仕入れの連絡など必要ないのでは？　という考えから発展して話し合った結果、製品仕様が製造開始後に変更されるため、材料仕入れが遅れがちであることが分かりました。製造開始後の仕様変更ができないことを徹底することが必要であると分かるとともに、仕入れ連絡は製造現場には必要ないことも分かりました。

マインドマップ 60 「改善の四原則」の活用例

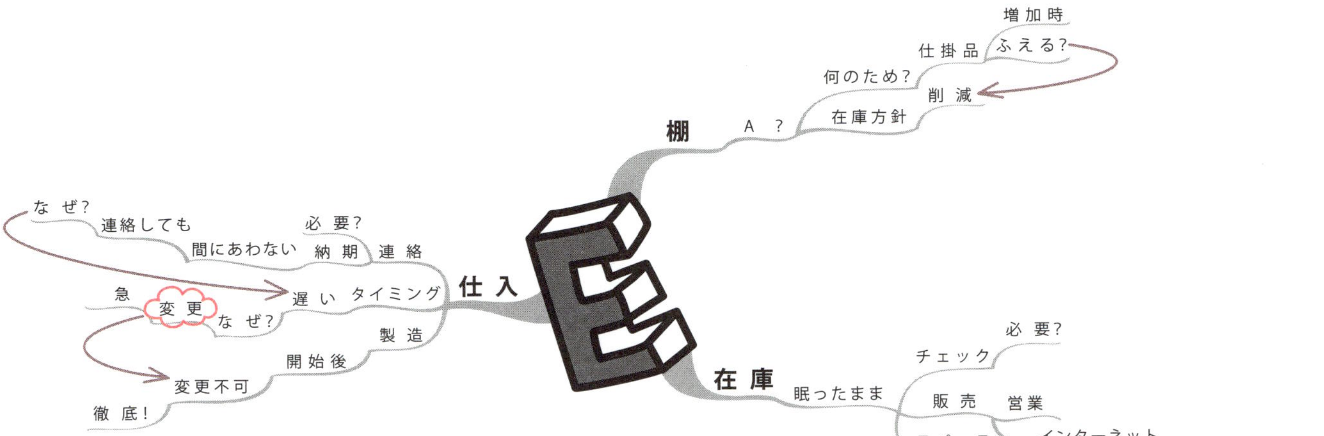

棚
- 在庫方針
  - 何のため？
  - 仕掛品
    - 増加時
    - ふえる？
    - 削減

在庫
- 眠ったまま
  - チェック
    - 必要？
  - 販売
    - 営業
    - インターネット
    - PPC
  - スペース
    - 空く
    - 中古品

仕入
- タイミング
  - 遅い
    - なぜ？
    - 連絡
    - 納期
      - 必要？
      - 間にあわない
      - 連絡しても
      - なぜ？
  - 急な変更
- 製造
  - 開始後
  - 変更不可
  - 徹底？

ブレーンストーミング

　グループでアイディアを創出する方法として知られているブレーンストーミングは、広告業界で活躍していたオズボーンが1930年代に開発した方法です。数名のグループでテーマについてのアイディアを発散的にどんどん出し合い、そのあとで収束させて結論を導き出します。フレームワークではありませんが、ECRSなどのフレームワークを活用する際に用いることができる方法なので、ここでご紹介します。

　ブレーンストーミングの発散の段階は以下の四つの原則のもとで行われます。

　自由奔放（ありえないような突飛なアイディアほど良い）
　批判厳禁（他人のアイディアを批判してはいけない）
　質より量（質は問わず量を多く出す）
　便乗歓迎（他人のアイディアに尾ひれをつけたアイディアも歓迎する）

　ECRSを使って改善案を検討する際にも、ブレーンストーミングで思いつくことをどんどん出し合うことで、課題を抽出したり、改善案を思いついたりすることができるでしょう。その後、収束する際には、評価軸を決めて、どのアイディアを採用するかを考えたり、アイディアを具体化する方法を考えます。

　ブレーンストーミングには、マインドマップを使うと非常に効果的です。グループメンバーの一人を書記役に選び、その人に全員のアイディアをマインドマップに描いてもらい、他のメンバーはそのマインドマップを見ながらブレーンストーミングを行います。

　テーマをセントラル・イメージで表し、メンバーから出されるアイディアを次々にメイン・ブランチに書いていきます。この際、メイン・ブランチ同士の概念的な次元が異なるといったことがあっても、気にする必要はありません。つまり、とあるメイン・ブランチに「切断」と工程名が書かれているのに、別のメイン・ブランチには「フライス盤」と機械名が書か

マインドマップは枝の繋がりを表すことができるので、誰かのアイディアを発展させたアイディアが思い浮かびやすくなります。また、ホワイトボードに描かれたマインドマップの全体像を眺めているだけで、メンバーは新たなアイディアを思い浮かべやすくなるはずです。言葉では表現しにくいようなアイディアもイラストや図を使って表すことができ、イメージがつかみやすくなります。

ブレーンストーミングの収束の段階では、マインドマップに描かれたアイディアのそれぞれに重要性のランクをナンバリングしたり、矢印でアイディア同士の関連性を示したりして、採用するアイディアを選択します。

アイディアの具体化を考える段階では、新たなマインドマップを作るようにすると良いでしょう。

マインドマップ 61 ブレーンストーミングの活用例

小学校の次の運動会で、みんなが楽しめるユーモラスな競技についてブレーンストーミングしたマインドマップです。

親子競技、学年交流競技、男女対抗競技、先生競技などから考え始めました。親子競技はとび馬を親子で行う案ではどうか、親が馬で、子供が親の馬をくぐってから飛び、三回飛んだら親がゴールまで走るという案です。順序に①②とナンバリングしてあり、どのように行うかの順序が分かるようになっています。

先生競技はリレーです。先生がリレーで真剣に走ることで、クラスの子どもたちも応援し、クラスの一体感が出るという二次的効果も狙えます。「一体感」の言葉にはマーキングがされています。

学年交流は買い物競争です。A、B、C、3タイプの学年組み合わせで、下級生が指示されたものを買い物して持ってきて、それを受け取った上級生が50m走るという内容です。ここでも①②のナンバリングやABCの組み合わせの書き方が効果的に行われています。

男女対抗はものマネ合戦です。リレー形式で、指定された仮装を行う人、

誰の仮装かを当ててそのカードを持ってくる人、という順にリレーを進めます。仮装する対象は先生たちです。この競技はあくまでもユーモアを大切にします。

　一番上には「判断軸」のブランチがあります。ブレーンストーミングでアイディアを出したら、判断軸に基づいて、採用するか否かを考える必要があります。ここでは、全員が参加できること、安全が確保できること、ユーモアを優先させること、の三つが判断軸に上げられています。その観点から、親子競技の玉ころがしは、少々危険でもあるために、採用されていません。

　ここでは学校の運動会の事例を取り上げましたが、会社内においても、さまざまな企画を練る際にブレーンストーミングを用いることができます。マインドマップは一人で行うブレーンストーミングにも使えますし、数名で行うブレーンストーミングにも使えます。出てきた言葉から連想を広げ、どんどんアイディアを出すことができます。最終的には、判断軸のブランチに判断基準を書き、アイディアの採択をすると良いでしょう。ECRSなどのフレームワークの詳細を考える際に、ブレーンストーミングを活用してみてください。

第5章 ●生産に関するフレームワーク

マインドマップ 61 ブレーンストーミングの活用例

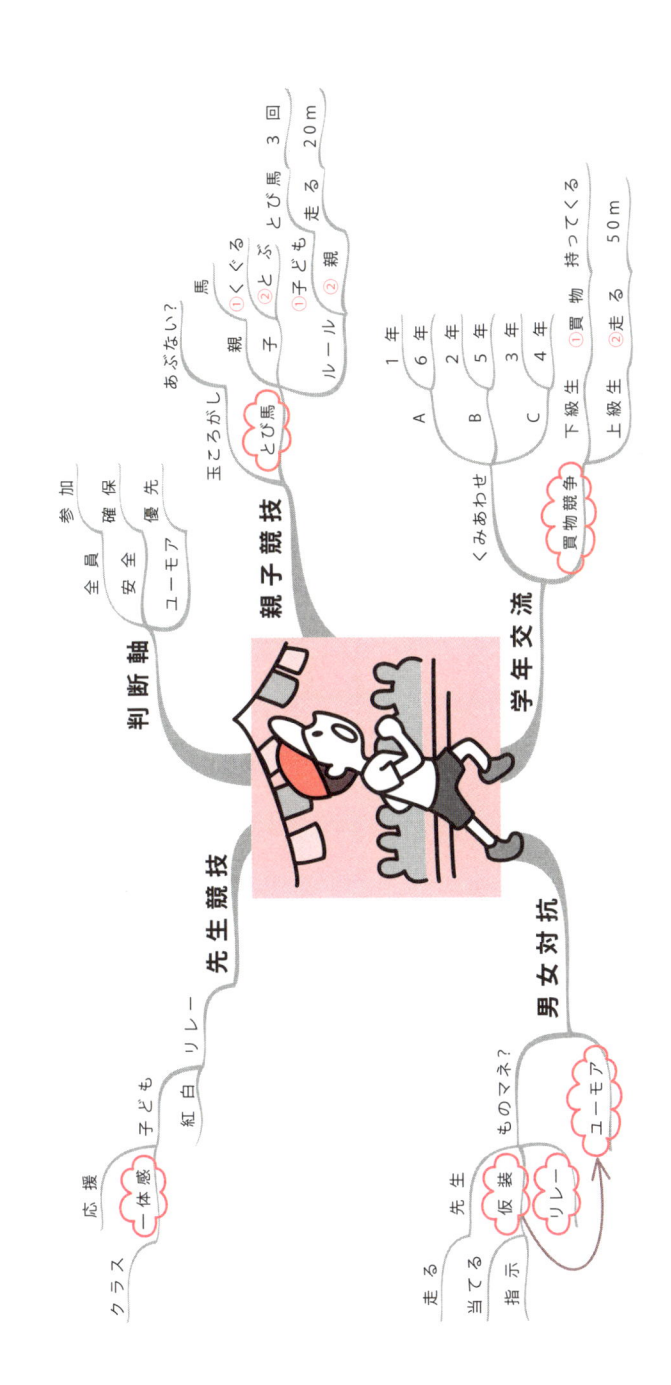

先生競技
- 応援
  - 一体感
  - 子ども
- 紅白
- リレー
  - クラス
  - 当てる
  - 指示
  - 走る

判断軸
- 参加 — 全員
- 確保 — 安全
- 優先 — ユーモア

親子競技
- 玉ころがし
  - あぶない？
- とび馬
  - 馬
    - 親 ①くぐる ②とぶ
    - 子 ①とぶ ②馬
  - ルール
    - 3回
    - 走る 20m

学年交流
- くみあわせ
  - 1年 A 6年
  - 2年 B 5年
  - 3年 C 4年
- 買物競争
  - 下級生 ①買物 ②持ってくる
  - 上級生 ①走る 50m

男女対抗
- ものマネ？
  - 先生
    - 走る
    - 当てる
    - 指示
  - 仮装
  - リレー
- ユーモア

203

5W1H

　業務の改善に用いることのできる基本的なフレームワークに、「5W1H」があります。これは誰でも英語の時間に学んだことと思いますが、業務改善に使うのであれば、以下のように考えることができます。

マインドマップ 62 「5W1H」

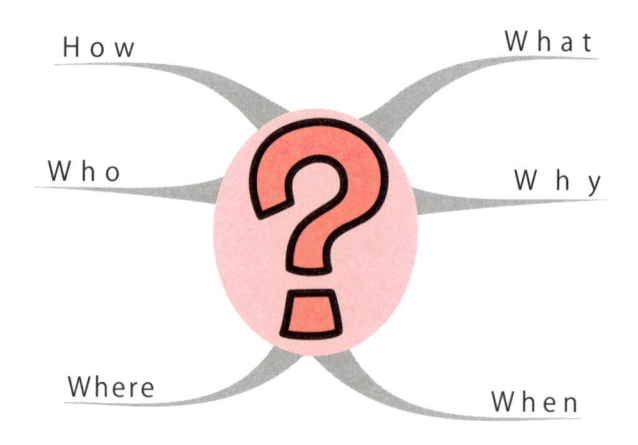

```
      How                     What

     Who          ?           Why

     Where                    When
```

> What（問題の対象は何か）
> Why（なぜ改善するのか、目的は何なのか）
> When（時間や順序はいつが良いのか）
> Where（場所はどこでやるのが良いのか）
> Who（担当者、作業者は誰が良いのか）
> How（どのような方法が良いのか）

　たとえば、ブレーンストーミングなどで出された改善のアイディアを検証したり、具現化する際に、5W1Hを使うというのは非常に有効です。

マインドマップ 63 「5W1H」の活用例

　前述の「ECRS」のEについてのブレーンストーミングにおいて、工程と工程の間にあるAの棚は必要ないかもしれないというアイディアが出てきました。これについて収束思考を行って検証します。

　「What」のブランチの先には、「仕掛品置場」と書かれ、今回の問題の対象が仕掛品置場としてのAの棚であることが書かれています。

　「Why」のブランチの先には、納期短縮が目的であることが書かれています。

　「When」のブランチの先には、切断の後、切削の前と書かれており、仕掛品置場が活用されている順序が矢印で書かれています。

　「Where」のブランチの先には、仕掛品をAの棚ではなく、直接、切断工程から切削工程に移動すれば良いということが書かれています。そのためには、現在の加工場所を少し近づける必要があることも書かれています。

　「Who」のブランチの先には、この改善案を佐藤課長が担当して推進することが書かれています。

　「How」のブランチの先には、全体ミーティングで再度検討した後で、工場レイアウトの変更を行うことが書かれています。

マインドマップ 63 「5W1H」の活用例

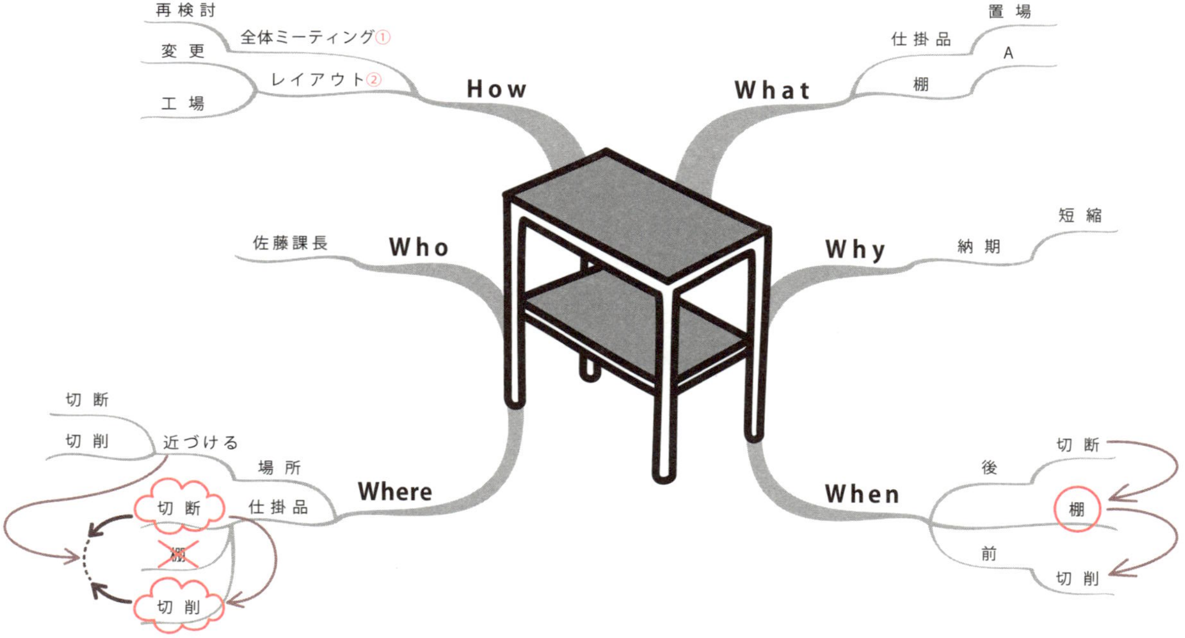

- What
  - 仕掛品
    - 棚
    - 置場
      - A
- Why
  - 短縮
  - 納期
- When
  - 後 — 切断
  - 前 — 切削
  - （棚）
- Where
  - 場所
  - 近づける
  - 仕掛品
    - 切断 × 切削
  - 切断
  - 切削
- Who
  - 佐藤課長
- How
  - 再検討
  - 変更
  - 全体ミーティング①
  - レイアウト②
  - 工場

第 6 章
財務会計に関する
フレームワーク

金融機関に勤務していれば別ですが、会社の中で経理担当をしていたとしても、案外、決算書を眺めながら、会社の会計の全体像を考えるという経験はないものです。ましてや、他の部門を担当している場合には、余計そうなのではないでしょうか。決算書を手にしたところで、どういう風に見て良いのかわからない、というのが多くのビジネスパーソンの悩みでしょう。

　この本では、会計や財務の詳細や全体像を解説するわけではありませんが、ビジネスパーソンが知っておくと役立つ決算書を見るための最低限の知識を確認したいと思います。

　最低限といっても、実は銀行が企業に融資を決定するときに見ている点と共通していますし、コンサルタントがクライアント会社の財務状況を確認する際に行っている方法でもあります。一般的には経営分析と言われている方法の一部です。

　自社や関連会社の決算書を確認しながら、自社の財務状況を理解するのに役立ててください。

二つの大切な決算書類

　決算書には大きく分けて、「損益計算書」「貸借対照表」があります。キャッシュフロー計算書というのがある会社もあるでしょう。ここでは、必ず押さえておかなくてはならない書類である損益計算書と貸借対照表を見ていきます。

　最初に決算書の基本的な意味を解説するために、以下に簡略化した決算書の例を掲載します。ここでは、フレームワークを学ぶための前提として決算書の意味の概略を解説しますので、参考にしてください。

損益計算書

2007年度（単位：百万円）

売上高	2,055
売上原価	923
売上総利益	1,132
販売費・一般管理費	972
営業利益	160
営業外収益	12
営業外費用	32
経常利益	140
特別利益	0
特別損失	14
税引前当期純利益	126
法人税等	49
当期純利益	77

貸借対照表

2008年3月31日（単位：百万円）

資産の部		負債の部	
流動資産	186	流動負債	196
現金・預金	101	支払手形・買掛金	51
受取手形・売掛金	41	短期借入金	97
棚卸資産	37	その他流動負債	48
その他流動資産	7	固定負債	453
固定資産	716	長期借入金	416
土地・建物	423	その他固定負債	37
機械装置	180	負債合計	649
車両	15	純資産の部	
投資有価証券	98	株主資本	253
		資本金	50
		利益剰余金	203
		純資産合計	253
資産合計	902	負債・純資産合計	902

損益計算書

損益計算書はPL（Profit Loss Statement）とも呼ばれ、一年などの会社の会計期間の経営成績を表しています。つまり、「どれだけ売れて、いくら使って、いくら儲かった」ということが書いてあるわけです。

損益計算書の各項目には、どのように算出したかが書かれていませんが、以下のように足し算、引き算をした数値が掲載されています。

> 売上高－売上原価＝売上総利益
> 売上総利益－販売費・一般管理費＝営業利益
> 営業利益＋営業外収益－営業外費用＝経常利益
> 経常利益＋特別利益－特別損失＝税引前当期純利益
> 税引前当期純利益－法人税等＝当期純利益

「利益」のつく項目がいくつもある点に注目しましょう。会社を運営する上ではいろいろな費用がかかるわけですが、その費用を大きく分類し、売上高から費用の分類ごとに順に引いた残りの額（利益）をそれぞれ把握しようとしているのです。

「売上総利益」は粗利（あらり）とも呼ばれ、商売の元手となった原価を差し引いた利益を指しています。

「営業利益」は売上総利益から事業上の経費を差し引いた利益で、会社の事業の成績はここで見ます。

「経常利益」は、営業利益から営業外で発生した収益や費用を加減したものです。ちなみに借入金の利息は営業外費用に入ります。会社によっては、借入金というのは、事業運営上欠かせないものです。つまり、営業利益が事業の純粋な成績を表していたのに対し、経常利益は事業運営上欠かせない要素を考慮した上での会社の成績を見ているのです。借金をして会社を運営した場合、利息の支払いまで済ませたとして、いくら利益が出たのかを見るのが経常利益です。

「税引前当期純利益」は、経常利益からその年に限ってたまたま発生し

たような利益、損失を加減したものです。工場が火事になり、たまたま発生した損失は特別損失として扱います。所有している土地や機械が帳簿価格よりも高く売れて、たまたま儲かった利益は特別利益になります。特別利益や特別損失は事業運営上、経常的に発生するものではないので、経常利益とは分けて考え、経常利益の下の項目にしているのです。

税引前当期純利益から法人税、事業税を引いたものが「当期純利益」となります。

貸借対照表

損益計算書は比較的理解しやすい書類だと思いますが、もう一つの貸借対照表のほうは少々、分かりにくいかもしれません。

貸借対照表はBS（Balance Sheet）とも呼ばれ、会社の決算日の財産状況を表しています。「会社を運営するために、借金をいくらして、資本をいくら入れてお金を集めたのか。また、集めてきたお金をどのように使っているのか」が書かれています。損益計算書が一年などの会計期間全体のことを表しているのに対して、こちらはたった一日の財産状況しか表していないことに注意してください。

また、貸借対照表は右と左に分かれています。そして、左右の合計額は一致します。左右の額がバランスするように作られているので、バランスシートと呼ばれるわけです。

貸借対照表の左右は大きく分けて、以下のようになっています。

資産の部	負債の部
	純資産の部

右側には負債の部と純資産の部が書かれています。これは会社を運営するための**資金**をどのように**調達**してきたかが書かれている部分です。資金

の調達は借金をするか資本を集めるかのどちらかになります。負債の部は借金の内容を、純資産の部は資本の内容を表しています。

　左側には、資産の部が書かれています。右側で調達してきた**資金**をどのような形で運用しているかを表しているのが資産の部です。現金で持っている、預金で持っている、在庫にして持っている、土地や建物などの固定資産にして持っている、といったいろいろな運用の仕方があります。これらを資産と呼ぶのです。

　つまり、貸借対照表は資産の「調達」と「運用」の状態を表したものなのです。貸借対照表の概要をつかむ際、この考え方はとても重要になりますので、押さえておいてください。

6-1 収益性分析のフレームワーク

　二つの決算書から読み取れるもののうちの一つが収益性です。経営分析では、「収益性分析」と言います。この会社は利益を生み出す力がどのくらいある会社なのか、というのが収益性の意味ですが、以下の式で求められる「総資本経常利益率」が総合収益性を測る指標になります。

$$総資本経常利益率 = 経常利益 \div 総資本 \times 100 (\%)$$

　総資本というのは、貸借対照表の左右の一番下にある総資産合計額、または負債・純資産合計額のことを指しています。どれだけの資本を使って、どれだけの利益を生み出せる力があるのか、その効率性を見ているのです。
　この式は分解すると、以下のように表すこともできます。

$$総資本経常利益率 = \frac{売上高}{総資本} \times \frac{経常利益}{売上高} \times 100 (\%)$$

　この式は分母の「売上高」と分子の「売上高」を消すと、先ほどの式と同じになります。
　ここで分かることは、総合収益性の指標である総資本経常利益率は、異なる二つの指標の掛け合わせであるということです。その二つは「総資本回転率」と「売上高経常利益率」という指標で、以下の式で算出します。

$$総資本回転率 = 売上高 \div 総資本 (回)$$
$$売上高経常利益率 = 経常利益 \div 売上高 \times 100 (\%)$$

総資本回転率とは、会社の総資本（総資産）の何倍の売上を上げられたかを見ています。これは、資本をいかに効率よく活用したかを見る指標です。たとえば、1000円の元手を資本として用意して、1000円で商品を仕入れてきて、2000円で販売したとします。資本は1000円、売上高は2000円ですので、総資本回転率は2回になります。ビジネスをするのなら、小さい元手で大きく稼いだほうが効率が良いでしょう。**資本効率**を見る指標の代表的なものが総資本回転率です。
　資本効率を見る指標には他にも以下のようなものがあります。

$$固定資産回転率＝売上高÷固定資産$$
$$棚卸資産回転率＝売上高÷棚卸資産$$
$$売上債権回転率＝売上高÷売上債権$$

　これらはいずれも、総資本回転率の詳細を細かく見るものです。総資本回転率が低い場合、固定資産が大きいのか、在庫（棚卸資産）が多いのか、売掛金（売上債権）が多いのか、など、その原因を明らかにするためにこのような指標を確認するのです。
　さて、総合収益性の指標である総資本経常利益率を分解したもう一つの指標である「売上高経常利益率」ですが、これは、売上高に対してどのくらいの費用がかかり、利益がどのくらいだったかを見るものです。この指標はその会社の**費用構造**を表しています。同様に費用構造を表す指標には以下のようなものがあります。

$$売上高総利益率＝売上総利益÷売上高×100（％）$$
$$売上高営業利益率＝営業利益÷売上高×100（％）$$

　会社の利益が少ないとしたら、売上原価が高いのか、営業にかかる経費が高いのか、借入の利息が高いのか、といった原因を明らかにするために、これらの指標を見てみます。

さて、ここまで長々と総資本経常利益率に関する話をしてきましたが、大切なことは、会社の収益性を見る際には、二つの面から確認する必要があるということです。

① 資本効率
② 費用構造

総資本回転率を中心とする資本効率を表す指標と、売上高経常利益率を中心とする費用構造を表す指標の両面から見て、会社の収益性は確認されます。

マインドマップ 64 「収益性分析」

マインドマップの良いところは、普通なら式や数値の羅列である経営比率分析も、このように全体の構造を分かりやすく表せるところです。各指標のブランチには自社の数値を書き込むと良いでしょう。さらに、問題点と思われるところにはマークをつけたり、その原因を言葉で書き込むこともできます。

マインドマップ 64 「収益性分析」

- 費用構造
  - 売上高総利益率
  - 売上高営業利益率
  - 売上高経常利益率
- 資本効率
  - 総資本回転率
    - 固定資産回転率
    - 棚卸資産回転率
    - 売上債権回転率

マインドマップ 65 「収益性分析」の活用例

　209ページに例として上げた貸借対照表と損益計算書をもとに、収益性分析を行ったマインドマップです。このようにして、各ブランチに数値を入れていくことができます。この会社の場合、基本的には利益も出ており収益性はあるのですが、さらに収益性を高めるのであれば、どうすべきかを考えると良いでしょう。それは数字だけで判断できるものではなく、会社を取り巻くさまざまな情報を合わせて考えます。

　たとえば、この会社に遊休の土地があるのであれば、その土地を売却し、固定資産や総資本を圧縮すれば、資本効率が高まって収益性は向上します。また、売上原価を削減する、販売費・一般管理費を削減する、値上げによって売上高を上げる、などによっても収益性は向上します。

　考えられる改善策を指標の先のブランチにメモしておくと良いでしょう。

マインドマップ 65 「収益性分析」の活用例

- 費用構造
  - 売上高総利益率 55.09 %
    - 原価低減
    - 値上
  - 売上高営業利益率 7.79 %
  - 売上高経常利益率 6.81 %
- 資本効率
  - 総資本回転率 2.23 回
    - 固定資産回転率 2.87 回
      - 有価証券 — 売却
      - 遊休土地 — 売却
    - 棚卸資産回転率 55.54 回
    - 売上債権回転率 50.12 回

決算書

6-2 安全性分析のフレームワーク

　もう一つ、決算書から読み取るべき大切なものに「安全性」があります。経営分析では、安全性分析または流動性分析と言います。この会社の財務状況は安全だろうか、というのが安全性の意味ですが、具体的には以下の三つの視点で確認します。

① 短期支払能力
② 資本の安定性
③ 財務構造の適否

　「短期支払能力」というのは、短期借入金を返済したり、買掛金を支払ったり、未払金を支払ったりといった短期的な支払能力がどの程度あるかを見るものです。これが低い場合には資金ショートすることもあり、そうなれば取引先は迷惑を被りますし、金融機関も返済してもらえず困ります。

　短期支払能力を見る指標には「流動比率」と「当座比率」があります。それぞれ以下の式で求めます。

$$流動比率＝流動資産 \div 流動負債 \times 100（\%）$$
$$当座比率＝当座資産 \div 流動負債 \times 100（\%）$$

　流動資産は、貸借対照表の左側、資産の部にある流動資産の合計額のことを指しています。資産は大きく分けて流動資産と固定資産に分かれており、一年以内に現金化できるかどうかがその違いです。つまり、流動資産

は現金や預金、売掛金、棚卸資産など、一年のうちには現金化できるだろうと思われる資産を指しています。一方、当座資産は、流動資産から棚卸資産を引いたもので、今すぐ現金化できる資産を指しています。

負債も同様に返済期限が一年以内であるかどうかを基準として、流動負債と固定負債に分かれます。

流動負債、すなわち一年以内に返さなくてはならない負債を、一年以内に現金化できる資産である流動資産で賄えるかどうかを見ているのが流動比率です。流動比率は100％を超えていることが安全性の条件であるとされています。つまり、流動負債よりも流動資産のほうが多ければ大丈夫、と見るのです。

当座比率は流動負債と当座資産の割合を見て、今すぐお金が返せるかどうかを見ているのだと捉えることができます。

「資本の安定性」というのは、その会社の総資本（総資産と同じ意味）がどの程度安定的な方法で調達されているのかを見るものです。資本の調達方法は、負債か純資産（自分の資本）かのいずれかになります。会社の財産が資本金のみが元手となっていれば、どこにも借金を返す必要がないので資本は非常に安定的と言うことができます。一方、資本金はほとんどなく、借入ばかりで運営されていれば、資本は非常に不安定です。

資本の安定性は「自己資本比率」という指標で確認します。以下の式で求められます。

　　　自己資本比率＝自己資本（純資産）÷総資産（負債・純資産合計）

これは、会社の全財産を表す総資本に対して、純資産がどのくらいの割合になっているかを見ており、貸借対照表の右側の内訳を見ています。

「財務構造の適否」とは、その会社の資産の「調達」と「運用」のバランスが適切なものであるかどうかを見るものです。

貸借対照表の右側は「調達」を、左側は「運用」を表していることは、先ほど説明しました。ここでは、調達方法に応じた運用がされているかどうかを見るのです。

具体的な例で説明しますと、たとえば、短期借入金という形で調達した資本を、土地のような固定資産として運用しているとしたらどうでしょうか。短期借入金の返済期限が来たときに、返済ができなくなることは明らかですね。これは、調達方法が短期借入金という短期的な方法であるにもかかわらず、それに応じた資産の運用ができていない例です。短期借入金という調達方法で用意した資本であれば、現金や預金、在庫のような形で持っておくのが適切な運用方法でしょう。ここを見ようというのが、「財務構造の適否」の視点です。固定資産のような形の変えにくいものは、自己資本(純資産)や固定負債(一年を超えて支払期限が到来する負債のこと)で調達していなければならないということです。

財務構造の適否は「固定長期適合率」という指標で確認します。以下の式で求められます。

固定長期適合率＝固定資産÷(純資産＋固定負債)×100(％)

固定長期適合率は100％以下であることが目安です。つまり、自社の固定資産は純資産と固定負債で調達した資本をもとに運用している状態である、ということです。100％を超えているとすると、固定資産を買った資金の出どころは短期負債であるわけで、これは安全な状態とは言えません。

マインドマップ 66 「安全性分析」

さて、会社の財務状況の安全性を確認する三つの視点について確認してきました。これにマインドマップを活用するなら、三つの視点をメイン・ブランチに置き、収益性分析と同様に指標と数値、改善案のメモを記入すれば良いでしょう。もちろん、収益性分析とともに、一つのマインドマップにまとめてしまっても構いません。

マインドマップ 66 ［安全性分析］

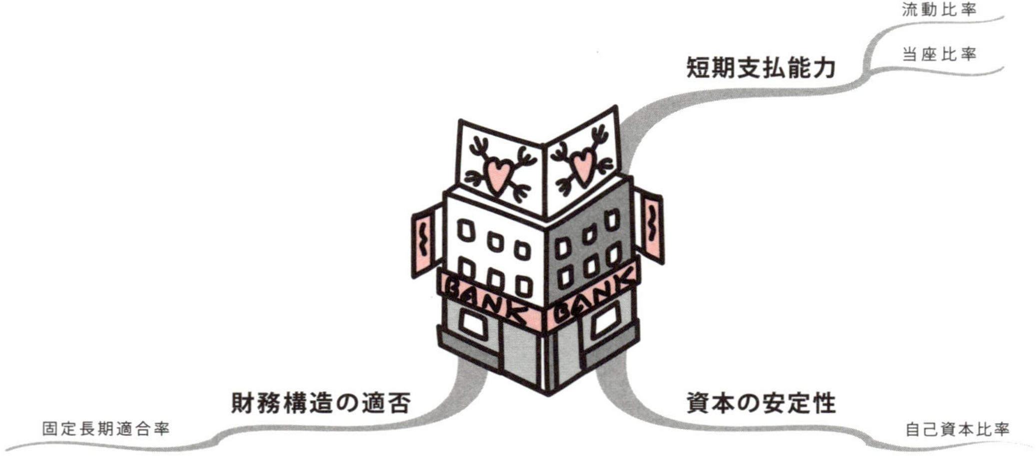

- 短期支払能力
  - 流動比率
  - 当座比率
- 資本の安定性
  - 自己資本比率
- 財務構造の適否
  - 固定長期適合率

マインドマップ 67 「経営比率分析」の活用例

　例として上げた貸借対照表と損益計算書をもとに、収益性分析と安全性分析を行ったマインドマップです。すべてが一目で見れるので、この会社の財務状況が分かりやすくなっています。問題点と思われる指標にはマーキングがされており、解決策が記入されています。

マインドマップ 67 「経営比率分析」の活用例

収益性
- 資本効率
  - 総資本回転率 2.23 回
    - 固定資産回転率 2.87 回
      - 売却
      - 有価証券
      - 土地
    - 棚卸資産回転率 55.54 回
    - 売上債権回転率 50.12 回
- 費用構造
  - 売上高総利益率 55.09 %
    - 見直し
    - 仕入
  - 売上高営業利益率 7.79 %
  - 売上高経常利益率 6.81 %

安全性
- 短期支払能力
  - 流動比率 94.90 %
    - 借入金
      - 長期へ
        - 借り替え
  - 当座比率 76.02 %
- 資本の安定性
  - 自己資本比率 28.05 %
- 財務構造の適否
  - 固定長期適合率 101.42 %

あとがき

　私はビジネスのキャリアを築く上ではかなり遠回りをしてきたほうで、20代の頃、劇団四季で働いたり、シャンソン歌手をしていたときには、まさか自分が将来、経営コンサルタントになるなどとは考えていませんでした。アートの世界には夢中でしたが、ビジネスの世界にはあまり魅力を感じていなかったのです。

　その後、ビジネスの面白さに気づき、こちらの分野の勉強を始めたのですが、ビジネス界では、なぜだかアートというものが排除されている場所が多いことが気になっていました。経営の勉強会は非常に堅苦しい雰囲気の中で行われているし、みんな眉間に皺をよせてうつむき、講師のほうを向いてモノクロのノートを取っている。

　おじさんばっかりで嫌だな〜。なんで、こんな雰囲気ばかりなんだろう。そう思いつつも郷に入れば郷に従えで、どうにか溶け込んではいたのですが……。

　正直言ってここだけの話ですが、中小企業診断士の資格を取得して、その全体会合に初めて行ったとき、その雰囲気に愕然としたものです。クリエイティブに仕事を生み出していこうという雰囲気はまったくなく、官の仕事にいかにしがみつくか、今ある仕事をいかにもらうか、そんな話ばかりがされていたのですから。

　ああ、ここにはいてはいけない。即座にそう思ったものです。

　アートというのは実にクリエイティブです。たとえば、歌を歌うということは非常に高度な思考を要する作業です。全体の構造をとらえ、論理的に構成を組み立てながら、一方では五感を研ぎ澄ませて、一瞬ごとに移り変わる波に身をまかせて歌うのです。自分自身の身体を使って瞬間ごとに創造性を発揮し、音楽という美を創り出す作業を連続的に行っているわけ

です。

　マインドマップの開発者のトニー・ブザン氏は、人間が右脳と左脳の両方を使うことを非常に大切なことだと考えています。そのためにマインドマップは、イメージやカラーが多用され、全体が一目で見渡せるようなノートになっているのです。

　また、ブザン氏は「科学の芸術を学ぶ、芸術の科学を学ぶ」といった意味の言葉を非常に大切なこととして、インストラクターに言い聞かせています。歴史上の天才芸術家、天才科学者を見れば、彼らが右脳、左脳の両方を上手に活用していたことは明白であり、「科学の芸術を学ぶ、芸術の科学を学ぶ」行うことで、卓越したものが生まれるからです。

　この本では、ビジネスの現場で使うことのできるフレームワークという思考の枠組みをご紹介することともに、実際に思考するときのツールとしてのマインドマップをどう使うのかについて書かせていただきました。

　フレームワークの内容そのものは、MBAなどで学ぶビジネス知識の一部でしかありません。ですが、これらのフレームワークを使って思考する際、マインドマップを描きながら行ってみると、おそらく変化があると思います。それは、脳全体をバランス良く使いながら思考できるのがマインドマップであり、マインドマップを使って思考をすると、当然、脳が働くからです。

　この本を読んで、フレームワークを自分の会社にあてはめて思考する際には、是非、自分の芸術性を発揮しながら科学的な思考をしてみてください。できれば手描きでやりましょう。カラフルなカラーペンを使い、マインドマップのブランチの一本一本を丁寧に塗りつぶしているうちに、非常に良い集中状態に入り、今までは働かなかった頭が働いてくるのが分かるはずです。脳はバランス良く使って初めて、本来の力を発揮できるのです。

　ビジネスは堅苦しく学ぶもの。

　ビジネスは左脳優位。

　もし、こんな雰囲気があなたの周りに広がっていたら、マインドマップで思い切り吹き飛ばしてしまってください。

アートのようにビジネスについて思考して、卓越したビジネスパーソンになろうではありませんか。

ブザン公認マインドマップ®インストラクター
塚原美樹

参考文献

マインドマップに関する参考文献

『ザ・マインドマップ』トニー・ブザン(ダイヤモンド社)

『マインドマップ FOR KIDS 勉強が楽しくなるノート術』トニー・ブザン(ダイヤモンド社)

『仕事に役立つマインドマップ』トニー・ブザン(ダイヤモンド社)

『マインドマップ超入門』トニー・ブザン(ディスカバー・トゥエンティワン)

『頭がよくなる本』トニー・ブザン(東京図書)

『頭の自己変革』トニー・ブザン(東京図書)

『ダ・ヴィンチ 7つの法則』マイケル・ゲルブ(中経出版)

経営・戦略・ビジネスに関する参考文献

『戦略サファリ』ヘンリー・ミンツバーグ(東洋経済新報社)

『H・ミンツバーグ経営論』ヘンリー・ミンツバーグ(ダイヤモンド社)

『最強組織の法則 新時代のチームワークとは何か』ピーター・センゲ(徳間書店)

『フィールドブック 学習する組織「5つの能力」』ピーター・センゲ(日本経済新聞社)

『出現する未来』ピーター・センゲ オットー・シャーマー ジョセフ・ジャウォースキー ベティー・スー・フラワーズ(講談社)

『現代の経営』P・F・ドラッカー(ダイヤモンド社)

『イノベーションと起業家精神』P・F・ドラッカー(ダイヤモンド社)

『イノベーションの本質』野中郁次郎 勝見明(日経BP社)

『イノベーションの作法』野中郁次郎 勝見明(日本経済新聞出版社)

『イノベーションのジレンマ』クレイトン・クリステンセン(翔泳社)

『ビジョナリーカンパニー②』ジェームズ・C・コリンズ(日経BP社)

『競争の戦略』M・E・ポーター(ダイヤモンド社)

『競争優位の戦略』M・E・ポーター(ダイヤモンド社)

『企業戦略論』(上中下)ジェイ・B・バーニー(ダイヤモンド社)

参考文献

『コア・コンピタンス経営』ゲイリー・ハメル＆C・K・プラハード（日本経済新聞出版社）
『戦略バランスト・スコアカード』ロバート・S・キャプラン　デビッド・P・ノートン
『バランス・スコアカード』ロバート・S・キャプラン　デビッド・P・ノートン
『経営品質入門』岡本正耿（生産性出版）
『日本経営品質賞とは何か』社会経済生産性本部』（生産性出版）
『日本経営品質賞2008年度版　アセスメント基準書』（日本経営品質賞委員会）
『日本経営品質賞　アセスメントガイドブック　2008年度版』（日本経営品質賞委員会）
『経営革新の基礎』経営品質協議会人材育成プログラム開発ワーキンググループ　岡本正耿（経営品質協議会）
『経営評価の基礎知識　基礎から実践へ』　経営品質協議会人材育成プログラム開発ワーキンググループ　井口不二男　ほか（経営品質協議会）
『企業経営理論』坂田敬三　石橋賢治　文川実　片野浩一　金高誠司（日本マンパワー）
『ダイアローグ』デヴィッド・ボーム（英治出版）
『アクションラーニング入門』マイケル・J・マーコード（ダイヤモンド社）
『コトラーのマーケティングコンセプト』フィリップ・コトラー（東洋経済新報社）
『エモーショナルブランディング』マーク・ゴーベ（宣伝会議）
『ブランド・エクイティ戦略』D・A・アーカー（ダイヤモンド社）
『顧客ロイヤルティの経営』佐藤知恭（日本経済新聞社）
『ハイコンセプト』ダニエル・ピンク（三笠書房）
『ロジカル・シンキング』照屋華子　岡田恵子（東洋経済新報社）
『こうすれば組織は変えられる！』ピーター・クライン　バーナード・サンダース（フォレスト出版）
『あなたへの社会構成主義』ケネス・J・ガーゲン（ナカニシヤ出版）
『問題解決ファシリテーター』堀公俊（東洋経済新報社）
『組織変革ファシリテーター』堀公俊（東洋経済新報社）

読者限定 本書に登場したマインドマップをプレゼント

『マインドマップ戦略入門』でご紹介した著者作の「マインドマップ」を読者の皆様にプレゼントさせていただきます。

下記、本書専用WEBページより、ダウンロードしていただけます。本書内容をより役立てるためにお使いください。

『マインドマップ戦略入門』

著者 塚原美樹による本書に登場した「マインドマップ」のPDFファイルをプレゼント。

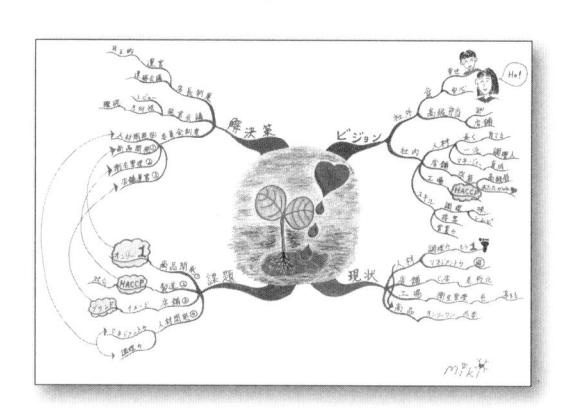

● インターネットよりダウンロードできます。

読者限定サイト：http://www.mmbook.jp/senryaku/

パスワード　：strategy

※ダウンロードには上記パスワードが必要です
※PDFはパソコン画面からのみダウンロードいただけます。
※マインドマップ最新情報や関連セミナーのご案内など専用ページのご用意があります。

マインドマップについて詳しくは、下記サイトにてご案内しています。ぜひご覧ください。

http://www.mindmap.ne.jp/

[著者紹介]

塚原　美樹(Miki Tsukahara)
千葉県船橋市出身。中小企業診断士。ブザン公認マインドマップ®インストラクター。フォトリーディング公認インストラクター。(株)ヒューマン・リスペクト代表取締役社長。

上智大学卒業後、ショービジネスに憧れ劇団四季に入社するが、音楽好きが高じてシャンソン歌手に転向。山本リンダ、佐々木勲らの有名歌手との舞台共演やテレビ放映の実績を残す。のち、ビジネス界に転向し、2004年に経営コンサルタントとして創業。経営革新・創業等の経営関連テーマで全国各地への講演活動、企業研修、セミナーなど、年間1000人を超す受講者に講義を行う一方、組織開発を中心とする経営コンサルティングを行っている。

元シャンソン歌手という異色の経歴を生かし、「アートとサイエンス」を融合させるマインドマップの普及を目指し、ブザン教育協会主導による小中高等学校へのボランティア出講やマインドマップ講座の開催など、マインドマップの普及に務めている。

マインドマップ®戦略入門

2009年3月12日　第1刷発行

著　者―――――塚原美樹
発行所―――――株式会社ダイヤモンド社
　　　　　　　〒150-8409　東京都渋谷区神宮前6-12-17
　　　　　　　http://www.diamond.co.jp/
　　　　　　　電話／03・5778・7234(編集)　03・5778・7240(販売)
装丁―――――――松　昭教
本文イラスト―――山脇　豊
DTP・本文デザイン―クニメディア
製作・進行―――――ダイヤモンド・グラフィック社
印刷―――――――勇進印刷(本文)・加藤文明社(カバー)
製本―――――――宮本製本所
編集担当―――――中鉢比呂也

©2009 Tsukahara Miki
ISBN 978-4-478-00851-5
落丁・乱丁本はお手数ですが小社営業局までお送りください。送料小社負担にてお取り替えいたします。但し、古書店で購入されたものについてはお取替えできません。
無断転載・複製を禁ず
Printed in Japan